Wer nicht an Wunder glaubt, der ist kein Realist.
Ben Gurion

奇跡を信じない者は現実主義者ではない。
ベン・グリオン
（イスラエルの政治家）

Wer keine Kraft zum Traumen hat,
hat keinen Mut zum Kämpfen.
Rosa Luxemburg

夢を見る力のない者は、闘う勇気ももてない。
ローザ・ルクセンブルグ
（ポーランド生まれ、ドイツの哲学者）

Man verlangt von den Menschen
so selten das Unmögliche.
Johan Wolfgang von Goethe

人間にはめったに不可能ということはない。
ヨハン・ヴォルフガング・ゲーテ
（ドイツの詩人）

こどもたちが学校をつくる

ドイツ発・未来の学校

Kinder Bauen Iher Schule

Children Make Their School

ペーター・ヒューブナー 著
木下勇 訳

鹿島出版会

ゲルゼンキルヘン・ビスマルクの総合学校

1998年から毎年新5年生ごとに自分たちの家となる教室棟を計画、建設していった

建設工事に参加する生徒

まず生徒は自分の姿の10分の1の粘土人形をつくる

10分の1模型で各クラスの家をつくる

構造を考えることもいろいろな教科の統合

各クラスの家をつなげ、集合住宅のような教室棟ができあがった

屋外の庭もデザインした

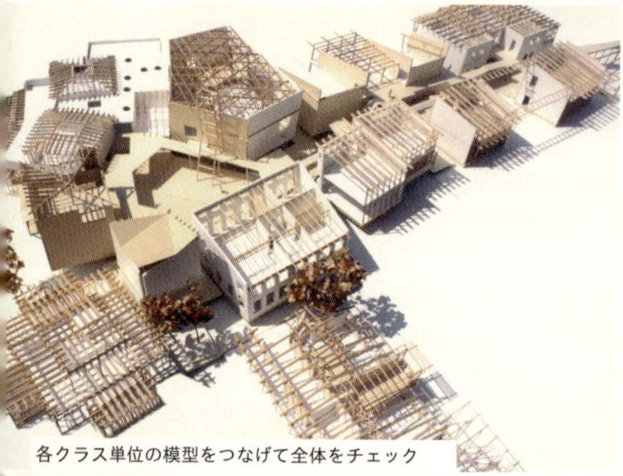

各クラス単位の模型をつなげて全体をチェック

自分の姿を描き、粘土で人形をつくる

円形の屋根には専門家によって特別な構造が考えられた。その構造がいかに強いかを調べるこどもたち

教室は住宅のように設計された

廊下といわず「学校通り」と呼んだ通路

学校の中を通り抜けられる道と「市場」という広場

ソーラーパネル、自然光利用などできるだけ省エネ、環境に配慮した学校となっている

チャペル

10分の1模型はリアルに空間が体感できる

雨水を集めた池にはカモの親子が住んでいる

開口部のつけ方は自然採光のみならず夜間の建物の風景をつくる

これまでと違う学校をつくるには、なによりも、
これまでと違う教育のヴィジョンが必要である。
「学校」というプログラムの考え方なくして、
本当の建築とはならない。

新しい学校建築は、「新しい学校」を考えずに
成り立つものではないということだ。

推薦のことば

教育環境としての
建築の可能性を広げた好例

坂本一成
（建築家、東京工業大学教授・
教育環境創造研究センター長）

2007年11月30日の晩に私どもの教育環境創造研究センター主催の学校建築シンポジウムシリーズ第4回で「こどもたちが学校をつくる——ドイツ・ゲルゼンキルヘンの総合学校の10年間にわたる1,000人のこども・住民参加のエコスクール建築プロセス」と題して、ペーター・ヒューブナー氏の講演会とその来日に合わせた展示会を開催した。氏は太陽旋回住宅の作品でパッシブソーラーハウスの歴史に名をとどめるが、住宅のみならず、学校建築としてもドイツを代表する建築家である。本書のゲルゼンキルヘンの総合学校はそのなかでもドイツの代表的な未来の学校として紹介されているほどの画期的内容を含んでいる。とりわけ生徒が参加して学校を創るという、まさに教育環境の創造において、教育と建築とが融合した、建築からのアプローチの可能性を開いている点ではたいへん注目される事例である。当センターのシンポジウムにおいてもこどもの参加や環境教育において建築のもつ可能性について多くの関心が寄せられた。本書においてその詳細がさらに紹介されることはたいへん喜ばしいことである。建築関係者、教育関係者はもとより多くの方に紹介したい。

こどものスケールにあった デザイン

仙田 満
(環境建築家・放送大学教授・こども環境学会会長)

ヒューブナー氏の作品ではシュトゥットガルトの幼稚園と本書のゲルゼンキルヘンの学校を以前に見学させていただいた。環境に配慮した建築とこどもの施設の建築家としてもよく知られるヒューブナー氏の作品はたいへん暖かみのある、しかも人間のスケール、いやこどものスケールにあったデザインという印象をもっている。本書の学校建築の取り組みは、より進化したヒューブナー氏の真骨頂とでもいうべきものであろう。環境に配慮した造形と生徒や教師、そして住民を巻き込んだ、『Building as a social process(社会的プロセスとしての建築)』(ピーター・ブランデル・ジョーンズ編によるヒューブナー氏作品集)の代表的な例ではないかと考える。学校づくりから、周辺の住宅地も含めてこどもの成育の環境づくりへと地域を再生していく優れた例である。これには建築や教育関係者のみならず、自治体、政治家など多くの人が関わっている。わが国でも、これに刺激されて地域あげてのこどもの環境づくりが展開されることを期待したい。

「日本とドイツのエコスクール 国際シンポジウム」を開催して

新保幸一
(国立教育政策研究所文教施設研究センター長)

当研究所では、去る2007年12月1日にドイツ文化センター、東京工業大学教育環境創造研究センター等の御協力のもと「日本とドイツのエコスクール」と題する国際シンポジウムを開催した。当日はペーター・ヒューブナー教授と仙田満放送大学教授に基調講演をいただくとともに、後半は両先生を含む7名の専門家によるパネルディスカッションで熱心な議論が展開された。

基調講演で、ヒューブナー教授は会場一杯の参加者を前に、自ら取り組んだゲルゼンキルヘンの総合学校の建設プロジェクトについて、多くの写真とユーモアを交えたトークで自らの考えを熱心に語った。こどもたちが参加する学校づくりというポリシーと実際に学校ができ上っていく様子は、参加した日本の建築関係者や教育関係者に多くの共感を与えたと思う。日本とドイツでは学校制度や行政の仕組みが異なるが、未来を担う子どもたちにより豊かな環境で学んでもらいたいという想いは、学校づくりに関わる者の共通の想いである。

本書にはヒューブナー教授が学校づくりに込めた想いが凝縮されており、これからの日本の学校づくりにたくさんのヒントを与えてくれる貴重な一冊となっている。

学校は教師と生徒と、また理想的には保護者も一緒に相互にやりとりをしながら生きている、そういう生活のなかの大事な活動の一部にある。学校建築はその周囲の環境も含めて生活の場であり、生活や教育のプロセスを包みこんで守っている。このことはわれわれがこれまで学校を12校建てた後に発見したのだが、多くの建築家や教育者が知っていることよりもかなり大事なことだと思う。

教師と学ぶことを情緒的につなぐはっきりした神経組織のようなものがあるとしたら、これは人間と建物の間の関係にもあてはめてみることができる。

私たち人間は目に見えるような保護や安全性を住宅に求めるのみではなく、目に見えない心理的、社会的な面での保護や安全性をも必要とする。利用者の願いやニーズに建物の環境がかなりの高いレベルで一致したとき、オーラのようなものがその場から発せられる。

この特別な要素がなにによって成り立っているのか、そしていかにそれが当然のことのように起こるのかを理解するのに長い時間を費やした。もし、建物のデザインと建設（とくに幼稚園や学校の場合）が少人数の専門家によって独裁的に行われたとしたら、そういうものが「創造的行為」とみなされることがあってはならない。しかしそのかわり、ゆっくりと進化するプロセス

学校づくりへの参加

ペーター・ヒューブナー
Peter Hübner

1

でいろいろなアイデアや活動に、のちの利用者になる人たちも含めて、できるだけ多くのさまざまな人々が参加したならば、利用者にふさわしくぴったりした環境をつくることが可能となる。

私たちはこのようなプロセスを最初につくりだすことが決定的に大事なことだと発見した。それには素人といっても特別な希望や助言、アイデア、そして創造性を有してもってそれらを発揮するよう求められ、また認められるときがくることに気づいてほしい。

その後の建物の計画・建設ではこれらの創造的プロセスすべてをさまざまな局面で取り入れて、参加しただれもが、なにか特別なことがそこで起きたのだと、あとで感じるような感動を与える方法となっている。

建物にはそれがどうつくられたかという物語の記憶が刻まれている。人々の参加によるさまざまな思いや手の作業の痕跡はよいかたちで保存され、第三者にもわかりやすい。すなわち、これは自然に進化した町のみでなく、数多くの計画への住民参加や自力建設によってつくられた多くの建物にも表れている現象である。

個人が与える特別な影響や、個人的要素によって特別な雰囲気が生まれる。それは人工物を、実際の生活や人それぞれのもっている個性によって個人的なものに変えている表れである。

2

ゲルゼンキルヘン・ビスマルクの総合学校とは

2004年、ドイツ西部の都市ゲルゼンキルヘン・ビスマルク地区の
総合学校の計画から建設まで10年以上にわたるすべての過程が完了した。
この学校は炭鉱地帯の廃坑の敷地に、小さな町のように設計された。
訪問者が来るが、多くは通り過ぎていってしまい、この学校がどこにあるか
気がつかないという。そんなことはふつうでないし、驚きでもある。
PISA(OECDによる学習到達度調査)の学習テスト結果から、
ドイツでは声高に言われはじめていることであるが、どんなタイプの学校でも、
たんに教えるという場だけではなく、こどもたちの生活空間でなければならない。
その要求からやっと、約1,000人の人が参加した、ふつうにはありえない
プロセスの結果としてこのプロジェクトは実現した。
この本ではこのような、ふつうにはありえない学校の建設のみならず、
それがどのようなプロセスでなしえたかを紹介する。

ゲルゼンキルヘン・ビスマルクの総合学校

「学校建築――ひとつのプロセス」または「教育と建築の共生」と題して、「ツァイト」(ドイツで評価の高い評論の週刊新聞)紙の建築評論家マンフレッド・サックス博士は、この総合学校の第1期工事竣工記念のパンフレット（2000年1月発行）に、つぎのように書いている。

「一度、考えられないことを考えてみよう！　そう、それはつぎつぎと起こる。よくよく人を煙に巻く官僚主義に染まり、自身のすばらしい視点にはぞんざいで、しばしば失敗に陥るような、いわゆる責任ある人たちをまごつかせるか怒らせても、そんな退屈な古い慣習から走り抜け出すだけの勇気をもつ人がいることを。だれもがいままでやったことのない、新しいことに責任を負うことをおそれる。仮にユートピアのようなことに取り組もうとすることが難しいとしても、ましてやそれを実際に実現するのはもっと難しいことである。人はいままでなかったことがはじめて成功したのを見たら、奇跡が起こったといわざるを得ない。そして、驚き、その試みをだれもがやろうとしていたかのように自然になされたと指摘し、突然だれもが称賛するようになる。だから、ゲルゼンキルヘン市のビスマルク地区の総合学校にみられたことは、本当に前もって想像もできなかった、ふつうには起こりえなかったことだろうか？　それほど大胆なことなのだろうか？

ああ！　だれかくすくす笑いながら言うだろう。

幸運なできごととよくいわれるのは、だれかアイデアをもって、それを見つけるか、もたらした人がいたからすべてできたと。

ほとんどのことが奇跡的に起こった。そしてなによりも、いつもこのプロジェクトを気にかけて励ましてくれた、IBA・エムシャー・パーク国際建築博覧会代表、カール・ガンザー（Karl Ganser）に負うところが大きいだろう。彼はこのアイデアを、前校長のフリッツ・ズンダーマイアー（Fritz Sundermeier）から聞いて、確信をもって、当時の首相、ヨハネス・ロウを説得した。首相は前例のない取り組みについてあらゆる

関係省庁が抵抗することを留め、事業を進行させせようとせんと助けてくれた。彼はこれを「小さなおとぎ話」と言った。たしかに教育と建築というふたつの異なる専門業種が、一種の共生する関係にならなかったらこれは実現しなかったことである」。

最初に必要だったのは、前にもいったように、教育の考え方であった。そして、大事なのは、それをプログラムの設計に単純に導くのではないということだ。そのことは過去、なんどもわが国で起こっていたことである。

一般に行われるパターンでは、ブログラムが実施されることについて建築家が影響を与えるのは、せいぜいプラスマイナス5%程度である。このようなことで単純な典型的な学校のレイアウトデザインが決まっていた。

ルシアス・ブルカルト（Lucius Burckardt）はこのことが公共建築の事業のジレンマになると指摘している。というのは、問題は政治的なことによるものだと認識されて、納得しないながらも固定化されたレイアウトにしたがって、融通の利かない建築物のかたちになってしまい、あとで多くの努力を重ねても無に帰すようなことになる。

このプロテスタント総合学校の設計競技はヴェストプファリアン（Westphalian）・プロテスタント教会の学校役員が、当時、東京のドイツ語学校校長であったフリッツ・ズンダーマイアーとともに練り上げた、あらゆる種類の総合学校のヴィジョンを携えて開かれたものである。

設計競技の理由と目的は、まる一日かけての対話形式で、詳細にわたって、告知と説明がなされた。

設計競技（コンペ）のあらまし

コンペ「ゲルゼンキルヘン・ビスマルク地区の総合学校とラールシュトラッセ（Laarstrasse）居住地」が開かれた。これはヴェストプファリアンプロテスタント教会がゲルゼンキルヘン・ビスマルク地区に総合学校を建設することを決め、既存地区と新しい住居地域の教育と社会、そして都市の発展のための気運を高めていこうとし

たものだ。

工場地帯の大都市圏における慈善義務を真剣に担うことを考えてのことである。キリスト教信者は人道と人間の尊厳、倫理、平和と創造への責任を理解していて、それがここでの活動と目的の理由になっている。そして、教育という名の下に合意して実施されることとなった。教会はルール地帯が抱えるつぎのような苦難に応えようとしている――社会構造の変化、工場閉鎖、高い失業率、顕著な教育格差、高い外国人率、深刻な環境汚染。

学校はプロテスタント信者のこどもたちのためではなく、地域のための施設として意図された。その教育的プログラムと外観のかたちは今日のわれわれが抱える緊急の課題に対処するため、模範的な例をつくりだしていけるよう意図されたものである。

学校の教育活動は以下の３つの指導原則にて、決定される。

ひとつはキリスト教の責務にもとづく多文化教育であり、それはつぎのことを明らかにする。異なる社会、宗派、宗教そして文化の背景をもつ生徒が一緒に生活することを可能にするだけでなく、すべての者がそこでより豊かな経験を得ることができる。

２番目のキリスト教徒の「創造の責務」という考え方は、環境に寄与する方向で、これまでの慣習や態度を変える目的とともに、学校の教科カリキュラムにそれを位置づけて教育的に実施されるべきだ。

３番目には、学校と地域の密接な関係を目的としていて、それは学校の毎日の日課の新しいかたちをつくりだし、地域に学校を開くものへ導いている。

ヴェストプファリアン・プロテスタント教会はこの学校が「未来の学校」の最先端の議論となり、先を指し示すものになるだろうと期待している。

教育のガイドラインはコンペ要綱に特別な要求項目として示された。設計競技では学校の建物に、建築の質と都市開発を追求すること以上のことが求められた。要求は結果として新しい土地利用の都市的な、建築的そして機能的な質を開発し、これまでと異なる教育的なアプローチによる表現を求めていた。

3つの原則はもう一度詳細にわたって説明され、学校のプログラムの方向のなかの重要なところは強調されている。

総合学校のガイドライン

全体（ホリスティック）と社会を学ぶ場所としての総合学校

学校教育の問題をたんに教え方の質の問題のように矮小化して、学校教育への理解が減っている傾向を避けるには、理論的かつ実践的で、社会と感情に関わる生活の要素を取り入れて全体的理解を誘う、特別なカリキュラムの活動を行い、指導原理に沿って生徒の個人個人がもっている資質を伸ばすことだ。このため、学校とは先生と生徒が出会い、自分らでデザインしていく習慣をもたらす場となるべきなのだ。この目的が学校でほぼいつでも達成されようとするならば、教え方や、時間割の主要カリキュラムと特別カリキュラムの活動はそれを反映し、また学校の仕組みと建築もその影響を受ける。

ゲルゼンキルヘンのビスマルク地区は外国人居住者の割合が高く、平日の登校日にも（言葉の問題や友人関係、家庭の事情などへの）特別な配慮が必要とされる。この目的は異なる国々、異なる宗教、異なる文化の背景をもった生徒が一緒に生活を続けることである。寛容と相互受容が可能なのは一緒に相互にやりとりしてよい結果を得た経験を重ねたときである。

結局、この学校は全体でおよそ1,100人の生徒がひとつの大きな単位で暮らす場である。しかし、これはひとつの大きなスケールのかたちを生み出そうとしているのではない。学校は、異なる年齢集団の、そして異なる社会的、宗教的、そして文化的な集団が､「村」のように小さな親しいスケールで、楽しくマネジメントする精神を基本として、一緒に生活し、働くなかで培う感覚とともに成長するようにむしろ考えられている。このように、部分的に建築によって表現されてできるコースの内容で、高い教育目標の実現に向けた環境に生徒は置かれている。

「学ぶことに学ぶ」の原則は、専門家の知識を得るのが目的ではない。しかしそのか

わり、学ぶ技術、知識の断片がずっと心に残るように聞く技術を身につけることである。

具体的なプロジェクトに関して学ぶことができる活動志向型学習概念——そのためにはワークショップと実用的な部屋が必要となる。

いざというときにもっとも近いところと関係をつくること（近隣の学校）

技術を基礎にするのでなく、対象そのものの自然な性質を感じることが優先されるエコロジーの概念を引用すると、こどもは幼少期のころに自然と環境に関して適切にその価値を評価することができる。

空間的なプログラムを建築的に実現するための要件は以下のとおりである。

・異なる教育段階に異なる空間が提供される
・大きな学校の中に小さな学校がいくつかある
・学校を運営しやすいユニットにブレークダウンする
・家具や建築デザインをとおして、クラスでの個人やグループ作業が可能なようにする。
・異なるクラスが会合できるよう可変性のある空間を提供する。
・こどもが自分たちで設計することができて、自分たちの「家」のようになるエリアを設ける。
・あらゆる学年の生徒に対してミーティングルームを設ける——それらは遊び、騒がしいところ、静かなゾーンに区分される。また教室外でまたは教室のグループで学んだり、会合したり、時間をつぶす空間を設ける。
・音楽、芸術、工作、技術、理科、読書のための、個人で実習したり、作業ができる空間を設ける。

環境にやさしい学校として

環境への負荷の問題とそれが長きにわたった後の結果については、日増しに意識して考えざるをえないほど影響が大きなことがらである。しかし学校教育の見地からは

適切にその課題が扱われてはいない。この総合学校はこれらの問題に貢献することを願っている。建築の信条に関していえば、生徒が環境の責任を扱う実践が可能なひとつの生物生息空間として屋外空間と建物を経験するべきだということだ。ゆえに、精巧な建築技術によってエコロジカルな建築がつくられるよりも、もっと自然に、環境を感覚でつかむ経験によってなされるべきである。そこで、建築ガイドラインが自然環境に結びつけて設けられる。

太陽と一緒の建物

省エネにふさわしい建物の模範的で積極的なデザインは、具体的には太陽熱利用の建物の原則を慎重に運用することによって導かれる。

その中心的な方策は全体のエネルギーコンセプトと結びつけ、建物に高度な断熱基準を設けて、パッシブ・ソーラー・エネルギーを効率よく利用することである。日中に取り入れる光の質は学校の建物群すべてを決定づける鍵となる要素だ。季節が変化すると緑と植物が陰をつくり、また建物内の気候を改善するために、太陽とともに建物が存在するかのように審美的特徴を備えるよう注意深く意図してつくられた。

建物の水系

雨水をしっかりと利用することは、エムシャー川の生態系を修復するため、エムシャー地区の新しい建物の地域には必須である。これは雨水を運河や下水のシステムに流し続けてはならないということである。よって自然に水を地中に浸透させ、集水して利用することは排水の速度を遅らせる。そしてこれらの問題を解決するように最終的には水の処理のデザインへと総合化し、創造的、審美的に行われるべきだ。

ランドスケープに溶け込む建築／地区公園としての校庭

内部と外部の空間を密接につなげることは学校のテーマとしてはもうひとつ別な課題であった。そしてさらにまた都市開発の枠組みから、学校は隣接する新しい住宅地、そして既存のランドスケープと園芸圃場の特性に溶け込むことが要求された。

学校の屋外環境のデザインに関しては、オープンスペース、校庭からスポーツ施設を通って学校の庭にいたるまでが強く結びつけられ、さらにまた近隣の居住者の庭や、共有緑地や近郊田園風景とも強くつながることを意味し、その結果、その構成は全体としてひとつの開かれた地区公園として知覚されるようにできるものにするということである。

「学校の庭」という考え方は継続的な庭の設計によって広い範囲にまたがる意味が得られるように意図された言葉である。学校の庭としてのすべてのオープンスペースはリラックスし、静かにしたり、気楽に休んだり、物思いにふけったりできる場所であり、また自然を経験し、「屋外教室」ともなる場所である。

最後にアクセスの全体のシステムとして、駐車場と機械設備などはつねにランドスケープとオープンスペ－スデザインに組み込まれてかたちづくられている。

地区の学校としてのプロテスタント総合学校

ビスマルク地区プロテスタント総合学校は実際の教育以外に地区にインフォーマルな企画を生み出し、多目的文化センターとしてサービスすることも意図されている。この活動は地域に根ざした団体や機関と密接に協同して実施される。

よって建築がつくられる際には以下の要求事項があげられる──

・集会ホール、食堂、カフェテリア、ロビーは区分けされた空間で、しかし必要なときはつなげられて、また主目的の行事、グループミーティング、式典やパーティでは区分けされて使うことができるように。

・作業場とスポーツ施設は学校と同じく地区の居住者のグループにも使うことができると知覚されるように。

・地区の作業のために別に設けられた空間は訪問者が学校時間中でも他の邪魔にもならず、また邪魔されずにそこで時間

を過ごすことができるように。
屋外エリアと居住地に近くつなげられた新しい場所は、地区の学校としての総合学校の役割が示された重要な空間としてつくられるべきである。

ゲルゼンキルヘンで1993年に会合が開かれ、教育のコンセプトが詳細にわたって議論され、敷地と既存の古い建物がビジター用にオープンされた。3ヵ月後、コンペにエントリーする書類をふたつのフォームでわれわれは提出した。ひとつは通常のプラン、もうひとつは異なる種類の学校のヴィジョンを示すユートピアの物語である。

しかしわれわれの作品は審査会の二日目にふるい落とされた。コンペの議長は実際に要求されているプログラムに適切な方向をだれも示していないと不満を述べた。それに答えて、ひとりの教育家がわれわれが提出したユートピアの物語、「ケマル・オェツキュル（Kemal Ozcul）の物語」をとりあげて、すべての要求はここにいきいきと記されている。成果物として学校の建物のかたちにではないが、できるだけ多くの後のユーザーと参加して実現するように描かれている、と説明した。

そのとき、彼以外にはだれもその物語を読んでいないことが判明した。すべての者がそれを読んだ後、このスケッチがその物語に沿って進められた風景の流れとしてのプロセスを説明していることが明らかになった。建築は共同の参加過程の結果として表れてくるものである。それゆえに建築家だけが考えてすべて完成した建築のかたちで提出されていなくてもよいのだ。

その物語には実際のプランが後ろに添付され、すべてが記載されている。その物語を読めば先入観のない読者は、よくありがちな固まったプランで固定観念をもつはめにはならないはずだ。

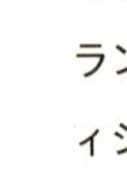
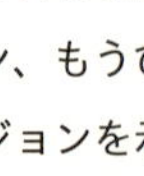

3

ケマル・オェツキュル

──2034年「ヨーロッパ環境賞」受賞にあたり

ケマルはバヴァリア低地の森の保全活動とアナトリア高地の森を再生した功績で2034年に「ヨーロッパ環境賞」を受賞した。以下は授賞式での彼のスピーチからの抜粋である。

（訳注：これは設計競技（コンペ）のときに図面とともに提出された、地域の社会的課題に応えるための建築プロセスを記した物語である。コンペではもちろんフィクションであったが、後に実際、ここに描かれているようにプロジェクトが進められたのも驚きである。ただし、2034年ヨーロッパ環境賞はまったくのフィクションである）

学校建設の始まり

ゲルゼンキルヘンの学校に通っている日々の思い出はもっとも大切なことです。というのは、私はそこでそもそも最初からまさに文字どおりの意味で新しいプロテスタント教会の学校建設の経験をするほどの幸運を得たからです。

私は1994年の秋に（ドイツ語能力の）言葉の問題も抱えながら、12歳のひよわなこどもとしてこの学校に来ました。私たちはおよそ134人で5つのクラスに分かれていました。そして、新たに塗り替えられた古い建物に移りました。いつものように、教室は大きすぎて、剥げたところがいたるところにあるように、かなりむき出し状態のものでした。私は「エコ」と愛称で呼ばれる、若くて非常に熱心な教師が受けもつクラス5Cに割り当てられました。彼に教わったことは、それは幸運なことでした。

彼の担当科目はドイツ語、歴史と宗教でした。しかし彼がエコという愛称で呼ばれていたのは彼が世界を救うこと、自然を必要以上に乱開発したことで死滅しかけているかのように見える、何千年も存在する惑星の生き残りについていつも話していたからです。彼はだれもが自分の行動に責任をもてば、人類と自然との間のある種の調和を再生することが可能だと主張していました。

私たちの学校の隣は広い穀物畑でした。1994年に見たときは最後に刈り取られた後でした。まだ私は覚えています。二日目にブルドーザーが来て、そこは私が若いころの幸せなときを過ごした場所になる、最初の鍬入れのときになったと。私たちは、個人をまず尊重し、そしてなにかをつくりあげるには自分の肉体的かつ心理的な要求を埋め込んで自然とわきあがる考え方（コンセプト）を明らかにして、それを何年もかけて実現するということを学びました。

私たちは丘と大きな池に注ぐ小川をつくりました。当時は「湿地帯ビオトープ」と一般

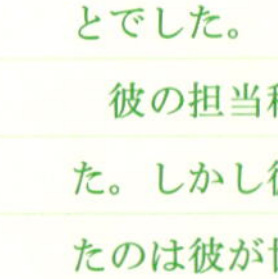

に呼ばれるものです。それはスリルがあり、そのときに始まったプロセスが今日までずっと続いています。

こどもの私にはなぜそこが樹林地と決められたのかわかりませんでしたが、30～50cmの苗木を50cm間隔で植えていきました。最初の2年間はそこは囲われており、他の土地はそのままあったかのようにまったく自然のままに残されて、そこは新しい発見をつぎつぎとする場所でした。私たちはすぐに自然は自然のものとして残り、種や肥料がなくてもすばらしく多様な世界を提供してくれることを、じかに見て理解できてきました。私たちは湿地と乾燥地、牧草地と沼沢地の違いと、それぞれに特別な植物相と動物相があることを見て学びました。

自分たちで学校をデザインする！

私は後に受けた教育の重要性を軽んじるわけではないですが、思い起こせば、私のエコロジーのキャリアはこのときに本当に根ざしていたのだといまでは感じます。

学期が始まると建築家、土木技師、ランドスケープアーキテクト、そしてエコロジストが学校に来て、驚くようなプロジェクトの全貌を説明してくれました。私たち134人の男女生徒が自分たちの学校、自分たちの庭、自分たちの世界をつくるのだと言われました。

私たち皆は世間知らずな楽天家のこどもで、先生も若くオープン・マインドなので、プランナーは私たちをおだてて彼らの熱中していることに巻き込み、新しい学校のこと以外はなにも考えられないくらい私たちは熱中していきました。

（教師の）エコは私たちの推進役でした。私たち5Cのクラスが計画を立て、自分たちの学校と庭をデザインしてつくることを教師が援助するという考え方をしっかりともっています。他の教師もすぐにとりかかりました——記憶では5Aクラスのクロイターマイヤー女史も——そして皆いいアイデアを出そうと競いあったのです。

夢のようなコンセプトがつくられ、突拍子もない考えが浮かんだり、夢想の国、城、洞穴と巣などおもしろい言葉と絵でスケッチしていきました。そして模型がつくられ、アイデアがより具体的になってきました。

その年のスタートからわずか4週間で私たちは2週間のワークショッププロジェクトを始めました。それには5クラスが全部参加しました。私たちの番になったら床スラブが敷かれ、建築家たちは建物は円いかたちをしたものだと説明をしてくれました。最初、それは複雑なかたちに思われたのです。しかし部材がくり返し置かれていくと単純なことだとわかりました。あとで私たちは螺旋階段でその簡単な理屈を再発見することになったのです。私たちは大工さんが柱を建てたりするのを手伝いました。木材を積んだトラックが到着しました。厚板の厚さはたった5cmだがダグラスファー（米松）のいい香りがしました。私たちは木材を降ろし、クレーンで設置される前に、枠を上下に組み立てるのを手伝いました。

私たちにはたった14日間の間に、なにもないところからこれだけの作業ができたことが驚きでした。450m²の建物を建てて、私たちは、本物ではないけれど、本当に感じたのですが、まるで本当のビルダー、大人の大工になったかのように感じたのです。私たちは皆で助けあい、建設作業によって自分たち自身がよくわかり、それに誇りをもつことができたのです。

残りの建設作業は熟練の職人さんたちによって、新しい建物でクリスマス・フェスタが催されるのに間に合うようにすばやく完成されました。最初の雪がひらひらと天窓のガラスに降ってきて、下からそれがどのように見えるか、またガラスと結晶が魔法の世界をいかにつくっていくかという風景をいまでも覚えています。

このワークショップで10分の1の縮尺（スケール）でつくった私たちの模型はどんどん発展していきました。テーブルや椅子、階段やギャラリー、温室などの部分が加わっていきました。私たちのとっぴなアイデアを5×25mm角の棒状フレームを使って、まだ空間要素の複雑さを残しながらも、秩序だったかたちにどのように実現できたか、また実際

にそれが本当に実現されたことにはびっくりしました。

広場で始まった作業で単純な原理に私たちは気がつきました。その原理とは、四角から始まり、張り出しによって前へ突き出したり、後ろや上へと、本当に迷路のように、全体にわたって雰囲気をつくっていくことができるということです。

限られた予算のなかでやらなければならないので、各段階で、建築家が見積もってくれました。これはコンピューターが導入されると私たちにも大人と同じようにできるようになりました。コンピューター会社はコンピューターを無償で提供し、私たちがこのような計算ができるようなプログラムをつくってくれて、私たちは数週間でその使い方と各パートのデータ入力の方法を学びました。私たちはたんに計画やパース（完成予想図）を描くだけでなく、映画のようにその建物の中と外を動きまわることができたのに興奮しました。ビデオがつくられ、それによって私たちは教室のデザインをよく理解して完成させることができました。

エコはいつもの習慣でミューズリ（シリアルにナッツ、乾燥フルーツを入れたもの）を食べることにはまっていて、コンピューターには性格的に反対でした。建てる前にコンピューターの画面上で私たちの教室を通って、スタッフルームに入ったとき、1階や、温室に、5Cの教室の屋根の上にまで何気なく彼のサボテンのコレクションが（彼の同僚がセットして）置かれているのを見て、少しコンピューターに対する疑いを払拭したようでした。

数学のミューラー先生は、5Dクラスの他にも、情報工学を教えているので、エコとは対照的に非常に熱心にコンピューターに取り組んでいました。彼の責任は予算です。それぞれのクラスは超えて使ってはならない予算が割り当てられています――職人さんの雇用と自力建設の費用をカバーするものです。だからあらゆるオプションに対してもコンピューターでデータを打ち込んでいけば管理しやすい。数学のミューラー先生の得意技は予算削減、つまりあるクラスが使いすぎるようになると、10％削減するように指導するのです。このおかげで、私たちのクラスが最後には自分たちに合った居心地のよいサイズに落ち着いたのです。

私たちのデザインは1995年2月～3月に完成しました。私たちのすぐ隣の5Bと5Dのクラスと話しあい、そして、東から西へのフリースペースとともに並びの最後に、エネルギーバランスが発表されたとき、あとで気がついたのですが、5Aと5Eがまだ十分にできていないことを知ってホッとしました。いずれにせよ、私たちのようなCという中間に置かれたクラスは南向きに配置されました。

私たちは教室が2階建ての温室に面しているように決めました。その後ろに私たちの休憩場所とギャラリーがあり、それは何年もわたって私の好きな場所となりました。

いよいよ建設スタート！

イースターには、建設会社が来て、基礎と教室の床スラブをつくりました。建築家たちはすべての詳細設計を終えて、構造技術者は負荷の力を計算していました。そう、すべてはすばやく記録されていき、そして私たちは教室のどの部分を自分たちで建設したいか聞かれたのです。

エコは喜んでいました。ワークショップの後にすでに自分を大工の棟梁のように思っていて、ティンバー・フレームを自分たちで組み立てようと主張しました。建築家たちは監理の責任を引き受け、ふたりの図工の先生が手伝いました。いくつかのクラスもそれに参加して、教会がさらに特別に職人さんを雇う資金を出してくれました。その職人さんのなかの力持ちのマックスと、生活技術のマスターのハインツ、ふたりともあとで学校の工作で教えることになりました。ワークショップで組み立て作業を行う際に、軽い5cm厚の板を扱うのは注意深く監視しながら行えば可能であることを教えてくれました。このように自分たちの教室を建設するのはとてもおもしろいことでした。骨格は10日間かけてしっかりと組み建てました。他のクラスも私たちに負けまいと競いあったのです。うまくいっているように見えて、実際はマス・ミューラーが予算の見直しをしなければなりませんでした。そして疑問を飲み込みました。建築家が言っていたのは正しかったのだと。私たちの参加が責任と自分たちのものという感覚をもたらすと。

先生たちは日に増して創造的に建設現場で教えることのできる応用科目の部分を見出していきました。そしてほとんどすべての生徒が興奮して建設を引き受け、学校が終わっても長く居残り、天気さえよければ晩遅くまで残っていました。ゲルゼンキルヘンの肉屋の娘と結婚した伯父のメーメットは、弁当をもって来ないこどもたちのためにケータリング

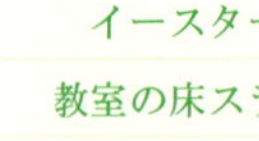

のケバブの屋台を設けました。

この建設現場で親密な友情に燃えることが、この最初の年からあとまでずっと続いたのです。そして最近ドイツの新聞見出しで沸き起こっている外国人排斥問題の緊張をほぐしていくのに大きな役割を果たしたのです。

私たちの教室の多くの部分——とくに防水シートで覆われた屋根、窓や温室——が建設会社によって完成しました。私たちは床を幻想的なモザイクやパタンでつくるのを手伝いました。

草屋根の土を運ぶのは人が数珠つなぎになって100個のバケツリレーで行われました。家族まで参加して、最後にはパーティでお祝いをしたのです。そのバケツリレーは新記録を達成しました。地面からだいぶ離れた建物の屋根の上という不利な条件にもかかわらず、バケツリレーの記録が打ち破られたのがとてもうれしかった！

コンポストトイレについては懐疑的に見ていたのですが、私たちはそれを採用することに決めました。古い建物では（古い方式が）まだあるようですが、そんなにも大量の上水が流されてしまうのはいまでは、信じられないぐらいです。

エコは次に私たちにずっと続く仕事を与えました。5つのクラス全部が外の庭の設計を

して、全部の庭を一緒に面倒をみて、何年間も運営していったのです。生物学では個人や小集団でいろいろな技術を習得し、それぞれが担当の特別な区画には責任ある役割を見出していきました。私は屋根に降った雨水を集める小さな池の担当で、小さな池での観察から生物学者になったという有名な生物学者のコンラッド・ローレンツと同じような体験をしたのです。

長期休暇で学校を離れているときに、信じられないことが起きました。全クラス全部が学校に来て作業を発展させていったのです。職人さんたちは私たちが長期休暇にいる間に作業の残りを仕上げるのを手伝ってくれました。そして新学期の始まりに間に合わせて建物に入ることができました。新しい教室での再開は大きなオープニングパーティでお祝いをして、近隣の半分の人が参加しました。新聞やテレビでは熱狂的な好評で参加者がたいへん誇りにしたのを覚えています。

長期休暇の間、他にも出来事がありました。まだ磨きがかけられていなかった真ん中を走る「通り」は、舗装され、雨水はパイプで集めてさまざまな泉に配管されていました。なかでも好きなのはモスクの前の「広場」にある、水の流れの底にできる渦巻きの列です。モスクは実際には小さな祈りの部屋であり、トルコ人の人たち自身でより贅沢なかたちにつくられていきました。斜め向かいにカトリックのチャペルがあり、それも最初の計画にはなかったものですが、「広場」には大きな集会ホールと図書館の建物に沿って、二棟の小さいが、はっきりした建物が建つことになりました。そこは「祈りの場所」と呼ぶようになりました（クラスの試験の前は、お祈りする

人が多くみられるようになった)。いろいろな建築家によって異なるスタイルでデザインされて、さまざまなかたちの建物が自然なプロセスで成長していく感じでともに現れてきました。

生物学で私たちは樹皮につくカブトムシについて学びました。スベンとイリナはメインストリートとサイドストリートに、学校の計画で見たことがあるような、グリッドを引いていました。

最初の「パブリックな」建物である食堂ホールは外国の建築家(訳注:日本人建築家、シロタアキコ氏)によるプランで建てられ、「ゲストハウス」として知られるようになりました。「湖」の脇の日なたのカフェテラスは「ビッグ・バーサ(飾り襟、ケープ)」として知られるようになりました。名前の由来はコプレツキ婦人の胴回りのせいだけではなく、彼女が私たちの個人的な悩みを聞いて相談に乗ってくれて私たちの最大の友人となっていたからです。

新しい学校での始まりには私たちが使っていた古い建物に新しく入学する5番目のクラスが入り、私たちと同じようなプロセスをくり返していましたが、始めるときに私たちからこれまでのことをすべて聞いて知っているので疑問は飛ばしてよりスムーズに進めることができました。

学校から始まるまちづくり

建築家たちから飛んだ胞子はさらに遠く広く滲み込み、感染していったのです。そして私たちは、全世界がゲルゼンキルヘンの試みについて知っているという印象を感じていたのです。幌で覆われたトラックの積荷が届き、私たちの仕事はそっちに気を取られました。突然ですがこのプロジェクトの3、4年目には押し付けられてやる仕事は限定されてきて、すべての注意をエコによる新しい活動に向けていきました。そしてもっとも多くの人たちに世界が変わるモデルを示すように、その感染が広がるのを手伝ったのです。

2年目にはハウジングエリアの建設が始まりました。最初は少数の家から始まったのです。私たちの学校、住宅とランドスケープは全体としてひとつのものとして計画されました。それはエムシャー・パークの国際建築博覧会(IBA)の一部のミレニアムとしてのゲルゼンキルヘンの町の生態的な

再生を意図したものです。

休閑地はハウジングエリアの拡張された地域と、一部そのままに残され、いろいろなエコロジーのためにすばらしいかたちですぐに利用されました。それは最初のハウジングプロジェクトの居住者にあるアイデアを与えました。グラフィックデザイナーの家族が自分らの「庭」をまったくつくらずにいたのを覚えています。彼らのワイルドな庭が徐々にタンポポ、イラクサ、モウズイカなどとともに独自の特徴をもって育つまで、ブルジョアの隣人にとってはまったく迷惑なことでしたが。そのようなワイルドフラワーの地区はミツバチの養蜂に都合よく、スワビアから移住したシュワーブ家の家族の蜂蜜がローカルブランドとなり、高い値段で売れるようになりました。

私の父のスレイマン（Suleiman）はもともとは日雇いでしたが、リストラを契機に中古カービジネスを始めました。ついには儲かりだし、自宅を建てる用地を買うことができました。近所の人の手伝いを得ながら、自分たちで可能な範囲で家を建てました。建築家の設計によるコアの家から始めたのです。もともとのっぺらぼうの表情で、ほとんどフラットな3度の勾配しかない屋根のかたちで、その家は「鋭い歯」という名で知られるようになりました。その建物の側面は後々、絶えず成長し続け、2年目には2階に南に面した温室を設けて、それが省エネにつながるようになりました。北側には二番目の温室を加え、側面の壁の断熱性を透明な温室で代用しました。これは今ではふつうの考え方になっています。

最初の夏には暑すぎるときがありました。そこで自動調整のサンシェードが設置されました。

太陽電池がAEGから寄付され、エコは職員室の屋根の上にそれをつけました。

職員室では1990年代の終わりに窓ガラスと一体となった太陽光活用の設備を改良して、それはたいへんすばらしいブラインドのように見えて、しかし光電池によって電気を生産していたのです。いま、標準的なホログラフィックの要素は試行の段階にあります。

そして私たちはそれらを2000年ミレニアムのエネルギー自給による家（教室）をつくるパイロットプロジェクトの一部として使いました。そのときは巨大な中央制御の動力の需要が供給を上回る危機に陥っていたのです。

さまざまなエコへの取組み

だいぶわき道にそれてしまったので、社会に刺激を与えている学校の重要な側面に戻りましょう。以下は私たちの学校について長い時間をかけて話しあってきた建築設計競技のことです。

結論を言うと、最大の優先権が与えられたのは生徒で、次にスタッフ、自然、そして最後に建物でした。建築家はこの地域のアイデンティティである炭鉱にある巻き上げタワーの記憶として、学校の「市場」にタワーを建てたいと考えたのです。使われなくなったタワーと麦畑の対比は最初の訪問以来、ずっと彼らに強い印象として残っていたのです。

私たちはこのタワーを建てることとしました。そしてそのプロセスのなかで、内側から外側に展開するすばらしいかたちを発見したのです。それはたしかに巻き上げタワーにも似ていますが、直接のイミテーションではなく、より建築的な翻訳です。トップが広くなければならず、

自分たちの写真の中でも、生徒が一番上のレイヤーにいなければならない。次いでスタッフ、それから次に学校の計画に参加した建築家、技術者と生態学者たちです。このタワーが私たちの学校の心の中心となりました。6階上がった最上階のテラスから、私たちは毎年、どのようにすべてのことがらが進行しているかを知ることができました。どのように住宅建設が自然環境に溶け込んでいるかもわかりました。たとえばカブトムシが若い枝の樹皮を食べるように、いかに私たちの学校が木の枝のように伸びているかも見えました。幸運にも、自然の地表を食い荒らしたようにできた点在した人工的表面はすぐに学校と住宅の屋上を緑化して自然な表面に戻されたのです。緑化された屋上や屋根はさまざまな種類の生き物の豊かな生命を供給しています。

エコは植物とともに地球を身にまとう必要性を説いていました。彼は、直線に反対して

曲線を多用した造形で人をよく驚かせた20世紀の建築家で、口の悪いフンデルトヴァッサー（Friedensreich Hundertwasser）をよく引用します。フンデルトヴァッサーの建物は装飾的色彩を超えず、絵のように外観を活性化する効果をもたらします。しかし、これは彼の成功を狭めるものでなく、むしろより評価するものです。マス・ミュラー（Maths Muller）はよく言っていました。芸術と商業は手を取り合って歩かなければならない、さもなければ経済はうまく働かない、と。

スタッフのフロアーのバルコニーから、クロイターマイヤー女史（クロイターはドイツ語で「ハーブ」の意）が植えたハーブ園となっている食堂の屋上緑化の屋根を見下ろすことができました。このハーブはキッチンで使われるだけではなく、ふつう市場にはない特別なハーブは私たちが毎週土曜日に運営する地域の市場の屋台で売っていました。

4階には建築家の事務所がありました。彼らと私たちはよく話し合うことができました。教えることから学ぶという経験はこれから建てる教室をどうするかにも統合されるようになりました。そして水曜セミナーがいつも2時に開かれて、それは学校生活のなくてはならない部分になっていきました。

エネルギー問題はさらにもっと重要なものでした。私たちのクラスでは、最初はパッシブ・ソーラー・エネルギーを頭に描いて大きな温室を建てました。そして、よく断熱された重い床スラブと塊のような粘土壁を背面に組み込んでつくりました。クラスを分けている重い壁が蓄熱の塊として加えられました。二重ガラスの仕切りは熱をさえぎり、夏の過熱を防ぐものです。後に、私たちはポリエス

テルの透明管と古い樽を使った水を中に通した熱媒体装置を試してみました。これらはうまく日差しをさえぎり、エネルギーの蓄積となったのです。

私たちの温室に適度に植物が育ってくると、遮光は必ずしも必要でなくなりました。そして私たちは学校のなかでもっとも称賛されるクラスとなったのです。それは「サバイバル・アーク」とエコが呼んだ、1999年の「青少年研究」の最優秀賞に輝いたからです。

2001年に学校を卒業したとき、中央の「ストリート」に教室棟の両翼が全部そろって完成しました。スポーツホールは1998年から使われ、ハウジングエリアでは3区画がまだ未建設でした。しかしそれ以外のほとんどの工事は終了しました。基本的構造のみが最初のときと同じで、すべての要素は詳細にわたって変更が加えられていったプロセスです。しかしその基本プランはあらゆる変更を吸収するに十分な強力さを見せていたのです。

2階建ての二番目に古い建物の話に戻ります。工場を改装してなにかにするということは私たち抜きでは起こらなかったでしょう。18歳のとき、私たちはまだ資格がなく、しかし学生時代の自力建設の経験は私たちを徐々に変えていったのです。そしてそれはエネルギー消費を減らしながら、愛情のない部屋から自分たちが生活する世界をつくりあげることがいかに簡単にできたかと驚くことでした。私たちの感受性は磨かれていったのです——エコはもう私たちの担任の先生ではなくなっていましたが、彼によって私たちはさらに前へ進むように絶えず励まされていました。

私は学校に8年間いました。そしてどのように小さな若木が大きな木に成長することができるかをこの目で見て実感したのです。最初の植えられた樹木は雑木林になるほど大きくなっていました。そしてそれらをさまざまな建設に使うことができました。後に私は生物学と生態学を大学で学び、そして私の森林への関心は決して弱まることはなかったのです。

受け継がれる手づくりの精神

大学生時代の最後に、私は教師になりたいと思うようになりました。そして幸運にも、かつて学んだこのゲルゼンキルヘンの学校でアシスタントのポストを得ることができました。外国で学び、(この学校と) ずっとコンタクト

がなかったので、経験した衝動のなにが残っているのかを見るのはとても不思議なことでした。

エコとほかの何人かの教師はここに残っていました。もちろん、多くの新顔の教師がいましたが。日常の決まりきった仕事は固定化され、学校は秩序と静けさの印象を与えました。しかし、学校の場所と個人との関わりは増えていたようです。

プロジェクト教育と生徒の実際の生活手段における個人的な責任との両方の関係が明らかにされて、教育のプログラムに受け容れられて採用されていったのです。

改良された教育カリキュラムはこれまでよりモダンで進歩的で、ヨーロッパ教育協会の代表団がゲルゼンキルヘン総合学校での会議に訪問するようになりました。その会議は学校のメインホールで年に2回開催されています。

しかし、私がもっとも魅力的に感じたのは、生徒が自分たちの教室に関わっている方法でした。

これらの建物はいま、第四世代に渡されますが、それらは最初の日のままのようにも個人的には思われます。生徒は建設の主要な部分を担ったと主張しましたが、私は本当は違うと知っています。これらの教室が建設されるのを見ていたからです。しかし、つくることが許されたのはたとえ建物全体のなかの小さな部分を変えることであっても、一人ひとりの生活する空間に特別な感情を抱くという、大小関係なく同様の効果がもたらされていました。

個人の責任に関する必要不可欠な側面は受け容れられていました。このように全体のエネルギー問題と廃棄物処理はそれぞれのクラスの責任となっていました。1996年に熱貫流率K＝1.3のガラスパネルは、建設技術の革新によって、K＝0.3のゼリー状の液体が詰められたタイプに変えられました。それぞれの窓は自動的に太陽エネルギーのコレクターになり、そしてエネルギーの収集量は、夜間の利用も含めても当然、消費をはるかに上回っているほどでした。

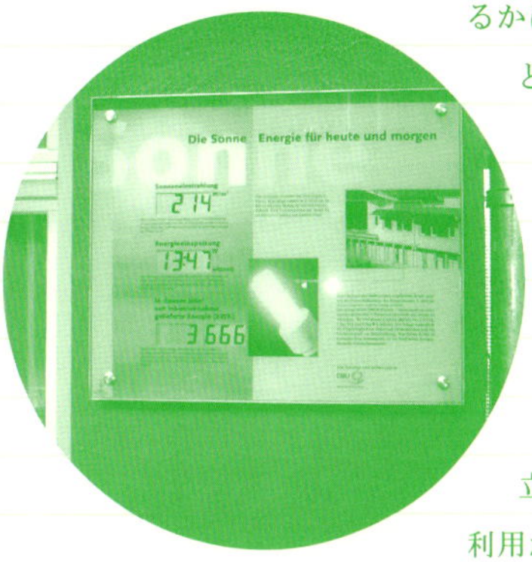

工房には小さなリサイクルホールが建てられ、そこでは学校のプロジェクトとして別立てで廃棄物の再利用が実験されるようになりました。

エコは52歳になりましたが、あいかわらず衰えないエネルギーで、国際会議でたびたび講演を頼まれていました。ウガンダ、ホンジュラス、そして満州で彼は同様の3つのプロジェクトに関わり、2年間アドバイザーとして任命されて訪問していました。いま、彼は再び、私が習ったときと同じ5年生の担任です。ルール地帯に来た難民で8ヵ国語の母国語を話す生徒たちと働いています。

終わりのない計画

小さいプロジェクトに分けて作業をしながら後に統合していくという効果は、最初はうまくいきました。しかしすぐに生徒のさまざまな才能が輝き、すぐにでもクラスの作業はグループに分けることができないものとなりました。

私たちは教室のギャラリーとコーナーの小さなキッチンをつくりなおしました。生徒の80％は晩まで学校に残っていて、ときには家に帰ろうとしないのです。そこで客室棟の拡張工事をして宿泊できる施設をつくることも考えています。

私は学校に4年間残り、最後の2年間はメインストリートにあるフンボルトハウスに新しく設置された生態学科で教鞭をとりました。この通り沿いの建物の計画は終わりがなく、それは大きくて2階建ての建物で、比較的簡単に増築することが許されています。私たちは自分たちが名づけた「研究所」という天と地に関係する3階建ての建物を計画しました。屋上に小さな気象観測所をもち、自分たちの手でテラスの前に池をつくることを決めました。この地域全体では水資源には限りがありました。そこで私たちは学校ですでに実験し、流れの浄化装置の経験にもとづいて描いた、排水を生物学的に再利用し浄化するプロジェクトを始めたのです。

学校全体に総2階建てのレイアウトは信頼できることが示され、数少ない車椅子の利用者からも愛されています。それは連帯感のようなものを生み出し、他のことがらと含めて、多くのクラスが外に出て活動したりしている事実からもそのことがわかります。学校の生活の成長は大きな機械を使用しなくてもできます。そしてこれらの変化は隣り合う部分との関係を損なうことはありません。それぞれのエリアは自給自足的に発展し、同時に完全に異なるデザインの特徴を有しているからです。

生活は自律的です。それは町のなかでおのずと成り立ち発展するように、また家々が最小限のルールで調和をもつようになっているからです。

公開討論フォーラムが行われるようになり、そして水曜日の会は日常の行事として、内容が変わってもずっと続けられています。古い校舎では、高等部（日本の高校の段階）の生徒の教室づくり（ハウジング）が行われていますが、多数の小さな拡張工事が行われました。それによってふだんの訪問者にはまったく統合された複合建築物にように見られています。新旧の校舎の部分は近隣の住宅のみならず、周辺地域全体にとっての地域社会と文化のセンターとしての役割を担って、ともに成長し一体のものとなっています。

2014年に私はアンカラで森林研究所が新しく設立されてそのポストに就任することになり、辛い気持ちで学校を去ることになりました。私は私たちがパイオニアである再耕作の方法によってアナトリアの14,000haもの砂漠を開墾することができると夢にも思いませんでした。本日この賞を受賞するにあたり、その賞を名誉あるゲストの席の1列目に座っている私の恩師であるエコと分かち合うことをお許しいただきたいと思います。

私たちはこの賞金をたいへん価値あるプロジェクトに使おうと決めました。200万ユーロ全部を私たちの愛する母校のフリッツ・サンダーマイアー基金に寄付するつもりです。それによって3ヵ月前に学校を訪問したときに見たように、ずっと若々しくいきいきとした学校が続くことを願っています。

長い間のご清聴ありがとうございました。

（アンカラにて、2034年9月29日）

4

住まいとまち

人々の住むところ

ゲルゼンキルヘンの総合学校は小さなまちのようだ。
学校の敷地内に“市場”、街路があり、それらが教室などで取り囲まれている。
個々の教室など、機能のユニットは、11人の建築家が計画、生徒や先生、
保護者の要求に応え、自分の担当で責任をもって引き受けた。
デザインを寄せ集めた学校をつくるということではまったくなく、
自然に成長するまちのようなもの、をつくろうとしたのである。

ドイツの生物学者・哲学者で後のエコロジーの発展に寄与した、エルンスト・ヘッケル（Ernst Haeckel, 1834–1919）は、エコロジーとは自然環境の家政学と定義した。この文脈で、ある種の生命が永続的に生存する条件が保障される場所を意味して、最初に彼は「ビオトープ」と「エコトープ」の言葉を使った。場所の要素はまた「ビオコエノシス」といい、つまり個々の生物種がそれなしで単独では生存できない、生きている生物のコミュニティという意味を含んでいる。

住まいとまちは人間のための場所であるが、同じ条件にかなっている植物や動物と一緒に生きている場所でもある。生態的自然のなかでどこでも見られる問題はおもに、われわれが自然にやさしい建物や都市から遠く離れた途上にあるということである。

人は第二の皮膚・衣服と、第三の皮膚・建物なしでは長い間生きていけない。何百年も何世代にもわたってよい建物をつくることは、ほとんどの人間に生まれつき必要とされることである。このことはこどもたちが精力的に洞穴や巣の隠れ家をつくることにも読み取れる。

もしわれわれ建築家が、われわれなしで建物を建てることは不可能などと信じるならば､大きなあやまちを犯すことになる｡最近の建築雑誌からランダムにいくつもの例を取り出すと、人類に正当なことを本当に実施し、生活するに値する環境を築く建築、少なくともふつうの市民のためによりよい建物は、われわれなしでもたくさん実現可能であることを示すことができる。

これらのイメージは、われわれが最近つくってきた建築が使い手のニーズからいかに遠くまで離れてしまったかを示す。少なくとも新しいモダニズムに関するかぎり、そしてその建築の実務が経済的でエコロジカルだと間違って伝えられている美学的基準にいかに従順であるかを示している。

住宅と病院、学校、幼稚園、事務所と商業建物はすべて同じに見えて、あまりに多くの直線で、長すぎて、スムーズすぎて、単調で、いかに権力を握り、権力を発するかにあまりに関わりすぎている。

ドイツの建築家ギュンター・ベーニッシュ（Günter Behnish）はこれを「非民主的建物」として定義した。そして長い間、不完全ながらも遊びに満ちた、人間的な余地がある建物が期待されていた。

新しいメディアにかかわらず、世界はより多様になっている。加えてつぎの事実を警告しておこう。すなわち人間の生来のセンスはコンピューターモニターやテレビセットの前でますます無効にさせられている。そこではすべてがイメージのかたちへと麻痺させられ、人々が具体的活動に挑む気をさせないようにしている。直接でなく間接的にまたは間の間を介して世界を経験でき、一方ではモラルも責任感もなく、人の生来の可能性の結果としての実際の感受性さえもなく、なにも満ちたりて生きられわけではない。今日でさえ、現代の建築物と都市は明日の世界に適したものとなっていないし、そしてこのいまの状況下で育つこどもたちのためのものにも、まったくなっていない。

必要なのは感覚を刺激し、一方に積極的に参加を必要とし、もう一方で肉体的に、しかしまた心理的に、社会的に身につける必要なものを満たすことである。

クリストファー・アレグザンダー（Christpher Alexander）は彼の作品、とりわけ「パタン・ランゲージ」でよい建築またはよい都市とはなにかを指し示すルールを設定した。これらは今日まで大きな真実であり、そしてすべての建築家がベッドサイドに置いておくべき本である。

彼自身の個人的な作品は、いかにこれらの個人的「パタン」が“よい"と同時に、現代建築へとどのように翻訳されるのか示していない。これはルールが悪いことを示しているのではなく、結局は彼自身が建築家として踏み越えることができなかった境界そのものによる。

それは驚くほど単純だ。人類に適した都市は個人的建物のためのよい建築を必要としないで、不完全さのレベルで、いきいきと、民主的な多様性を必要とする。その場所で、都市で実際に家にいるように感じるセンスをもたない者は、そしてまた建築家として周囲のよい建築を見るように課せられていると感じる建築家は、いつも満ち足りなさを感じる。またはあまりに大きすぎたり、あまりに支配的であったりすると、なにか賞に輝く建物でびっくり仰天させる反対の例となる。

建物と都市はともに個性を必要とする。なぜなら人が時間をとことんかけて、なにがよい家であるか、なにがよい建物でありえるかを発見しがいのあるところまで住んで、自分にフィットしたものとするのはただ個性のみだからである。

動物行動学者、とくにシーフェンホェーフェル（Schievenhöfel）はニューギニアでの調査によって、固定したタイプという意味での原始時代の家はないが、人の家に対する原始的能力はあることを発見した。つまらない単純なファッションにたとえてみることができる。われわれの先祖として発展できる者は、自分で家を建てることができる者である。同時に、多くの人がもっているこの原始時代の家に対する能力を私たちは真剣に引き継ぎ、自分たちの家を建てることに役立てるべきである。

イヌイットだけがイグルーをつくる、または北ドイツの低地のドイツ人が萱葺《かやぶ》きの家をつくるというように、シーフェンホェーフェルによれば、このようなそれぞれ異なる形態の家は、その地の人々に適した住みよい住み処をつくっている。

プライオリティでいえば、よい住宅は物理的、心理的、そして社会的要求を満たさなければならない。もちろん、住宅は荒れた天候から守り、中庭のような屋外空間を有し、そこではこどもたちが監視されずに、でも安全に遊び育つことができる。

スケッチから

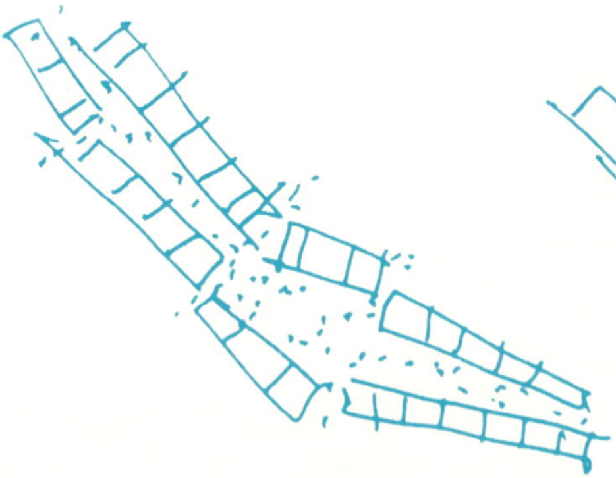

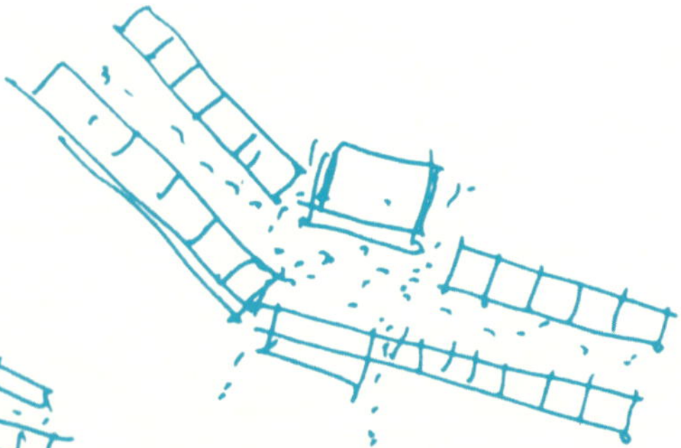

グロスハンス（H.Grosshans）はこんな興味深いことを言っている――。

「いったい実際にだれのために建てているのだろう？　よし、『われわれのやろうとしていることの中心にいる人間か、われわれは彼らから信頼された代弁者……？』われわれの記した原則でいえばの話だが！　建築専門の本をちょっと覗いてみて、このような優れた建築の見本を見ることができるだろうか。どこでこどもは遊んでいるか？　汗びっしょりのスポーツマン？　静かにお祈りする人？　小走りに走りまわる役人？　どこにこども、お年寄り、失業者、親、障害を抱える人たちがいるのか？　規則としてわれわれはピカピカした建築写真や、巨大な平面プランにこれらの人々を載せたりしていない。われわれが建物をデザインし、つくっているときにこれらの人々のことを考えているだろうか？　建物の中で起こる「実際の生活」を考えているだろうか？　私はその建物に住み、使う人を、建築の考え方やコンセプト、そしてデザインの作業で形成する建築のイメージに加えないで考えているような印象をときどき感じる。ブルーノ・タウト（Bruno Taut）は1920年代の初期につぎのように言った。「人の注目を集めざるをえないデザインの外観には、まったく関心がない」。

建築物と都市は人々と同じように多様性を必要とする。われわれの建物が人々の合意、理解、愛着ある扱いを得て、破壊行為を極力少なくか、まったく回避するようになるのは個人にかかっている。

建物とまちは人々のすみかとして魅力的にかつ刺激的にデザインされるべきだ。管理しやすさ、わかりやすさ、支配的よりも複雑さや多彩さがよい。ホモ・ルーデンスは官僚的な秩序よりも冒険をもっと必要とする。

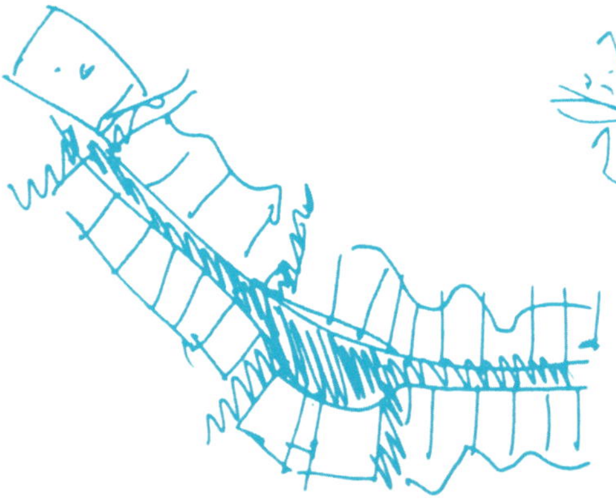

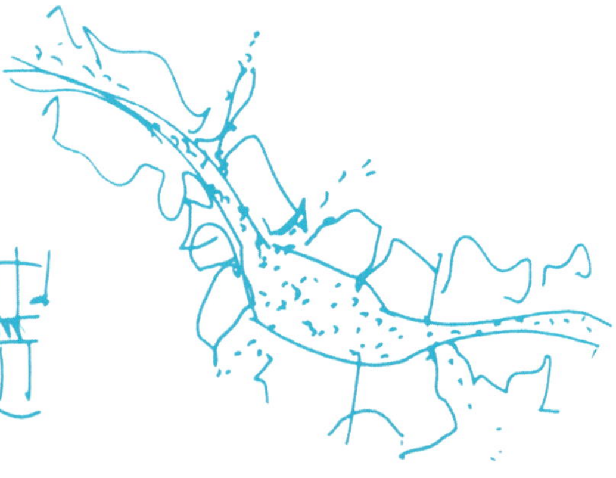

この点において、ゲルゼンキルヘン・ビスマルクの総合学校はこどもたちの要求を認識して、かつ同時に建設するという経験世界の価値を、こどもたち自身が気がついて建設を行った真剣な試みと考える。

ゲルゼンキルヘンの総合学校は私たちが1993年に始まった設計競技から竣工まで、11年間も集中して取りかかった学校である。これまでの人々に適した学校建築をつくろうとしてきた経験の集大成のようなもので、学校は人々が生活する場所で、学び・教える制度のためではないということである。ドイツの建築家ヒューゴ・キューケルハウス（Hugo Kükelhaus）はこのことをたいへん確信して、1900年代初頭に窓のない学校が一時期はやったことに反応して、「動物工場から学びの場へ」という本を書いた（＊）。

ゲルゼンキルヘンの学校は多文化と多信仰、そしてエコロジーに焦点をあてた学校

＊Hugo Küekelhaus, Von der Tierfabrik zur Lernaustalt, Gaia Verlag Colgue

である。最初の5年間の初期学校から始まり、建設の第二期には5学年からAレベルまでの（中学・高校）の3クラスずつができた。ヴェストプファリアン・プロテスタント教会によって運営されているが、カトリックが30%であり、30%がイスラム教信仰の生徒である。それゆえにたいへん高いレベルでの統合の需要に適合したものである。

それ自体は地域（コミュニティ）の学校のように見えて、失業率が30%、トルコ系住民がほとんどであり、炭鉱産業の衰退とともに地域の状況が悪化しているビスマルク地区にたいへん価値ある社会的な目的にそって提供されたものである。学校のエコロジカルな姿勢は教育と建築、特に建築材料と太陽エネルギーのコンセプトの両方に見られる。

学校は小さなまちのようだ。敷地の内部に“市場”、街路があり、それらが一般の教室などで取り囲まれている。これらの個々の教室などの機能のユニットは、11人の建築家が計画と（生徒や先生、保護者の参画の）要求に応え、自分の担当に責任をもって引き受けて行った。

それはデザインを寄せ集めた学校をつくるということではまったくなく、自然に成長するまちのようなものをつくろうとしたのである。

それは名前をみればわかる――学校食堂ではなくまちの“食堂”、職員室ではなく町役場、集会室ではなく劇場、図書館、チャペル、研究所、スタジオ、工房。これはきわめて複雑な学校でふつうではない。11人の建築家は、ときに一緒に、またときに反発しあいながら、しかしどんな場合でも大きな関わりをもち、直接に個別的に計画過程のすべてに責任をもっている。そこでサイドストリートには6つの「テラスハウスの敷地」があり、毎年5つの教室で教室の建物が建てられる。

コンペで要求された学校へのエコロジカルなアプローチとして、生徒のエコロジーの理解と行動は「実施することによって学ぶ」というもので、ビオトープがほんの少しあっただけでは実現できないとわかった。別な言葉で言えば、1,300人もの生徒を最終的に抱える学校であるという認識をしないで効果的に行うことはできない。反対に、われわれは、30人の各クラスの生徒と男女の先生とで小さな単位を組み、玄関、ロビー、クロークルーム、トイレ、教室、ギャラリーと庭をそれぞれ自分たちでつくるということを考えた。自分たち自身で計画することはアイデンティティを確立する観点からもっとも重要な要素となるものである。よってクラスのコミュニティが建築家としてのわれわれと一緒に働き、発見（または発明）し、改良し（または夢を膨らませ）、

本当に教室のユニットをオリジナルで個性あるものにした！ 9× 24 mの同じ大きさの区画どうしにもかかわらず、それぞれのクラスは異なる解決によるまったく驚くほどの多様性がこの共同作業のプロセスの成果となった。素人やこどもと建物をデザインしようとするものはだれでも、こどもの声を聞くことができ、夢が実現できるということを信じられる者でなければならない。こどもたちにゆだねるということ。まさに情熱はそれとともにこどもたちが自分の家を発展させる技術をみがき、参加のプロセスについての考えを先に進めることを確信するものとなる。

ラール通りの住宅団地
総合学校
旧建物

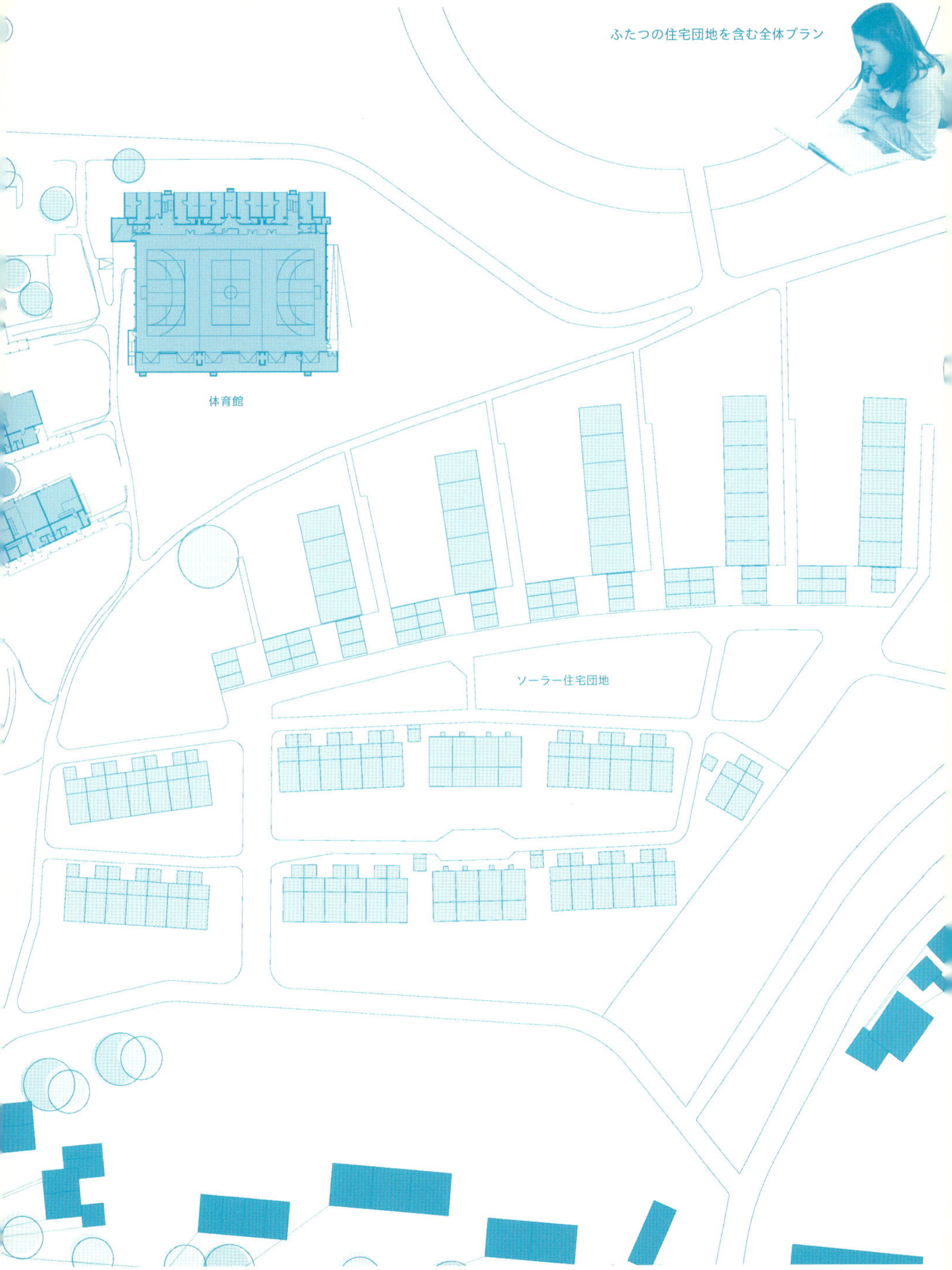

ふたつの住宅団地を含む全体プラン

学校通り／1階平面図

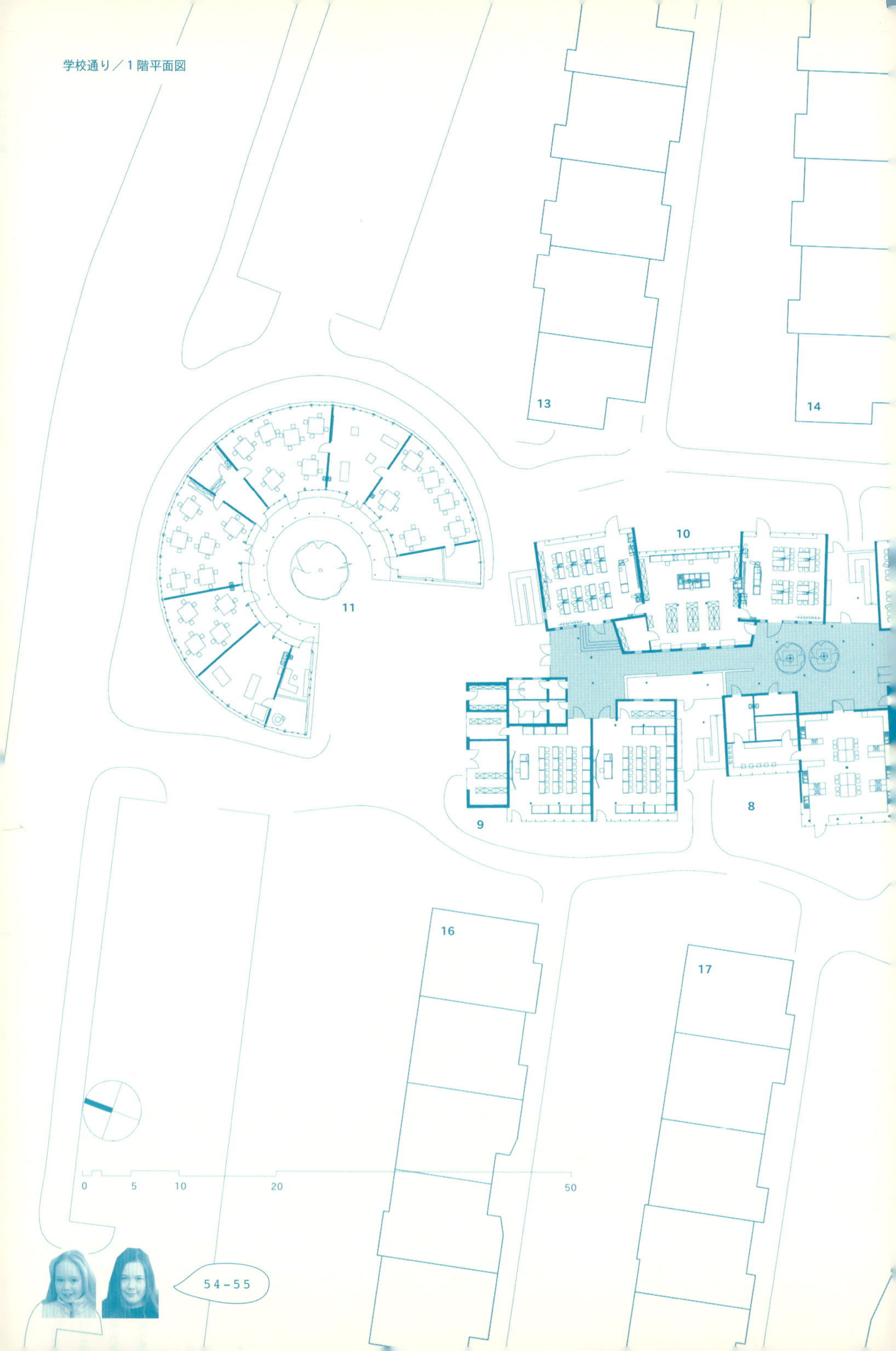

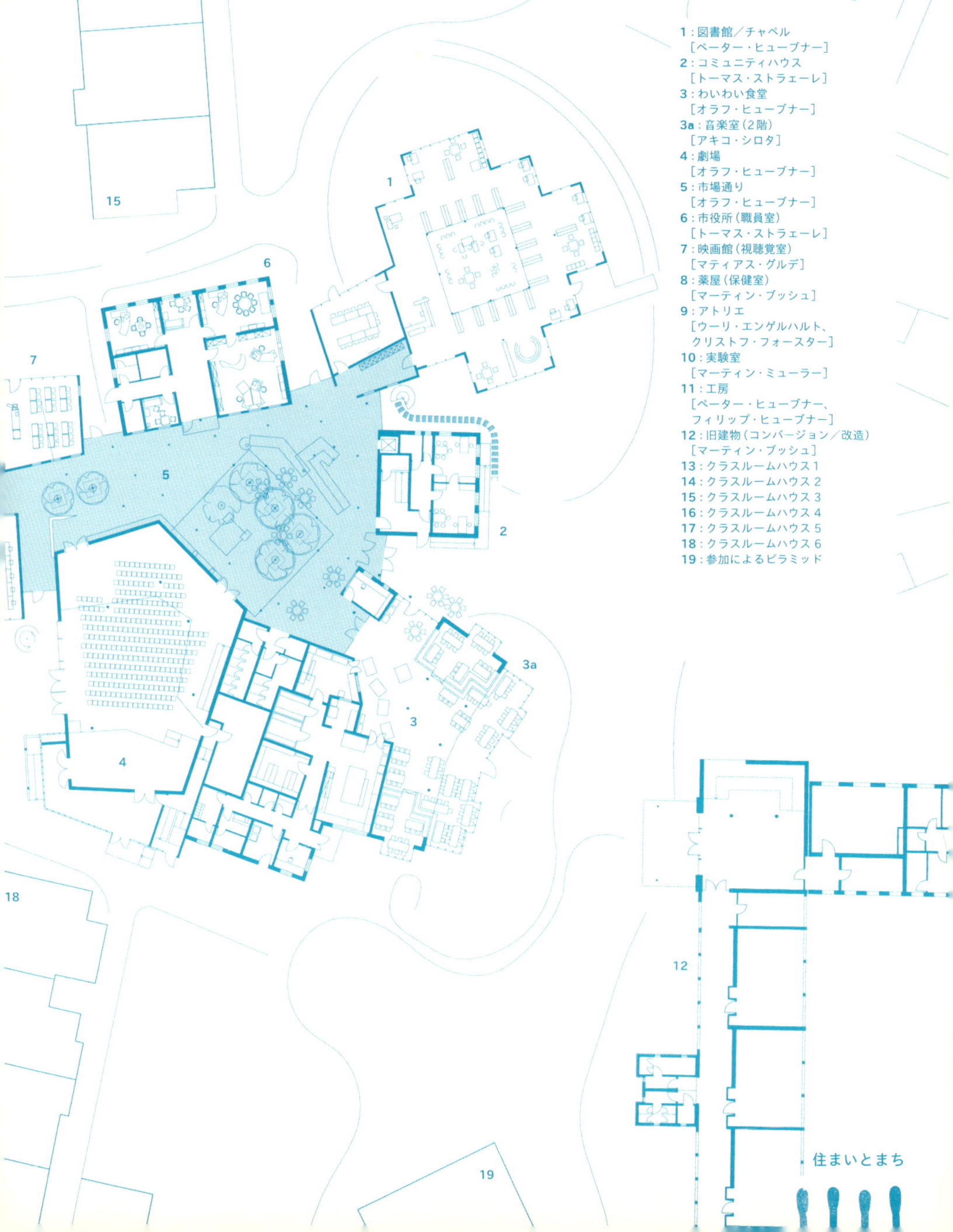

1：図書館／チャペル
［ペーター・ヒューブナー］
2：コミュニティハウス
［トーマス・ストラェーレ］
3：わいわい食堂
［オラフ・ヒューブナー］
3a：音楽室（2階）
［アキコ・シロタ］
4：劇場
［オラフ・ヒューブナー］
5：市場通り
［オラフ・ヒューブナー］
6：市役所（職員室）
［トーマス・ストラェーレ］
7：映画館（視聴覚室）
［マティアス・グルデ］
8：薬屋（保健室）
［マーティン・ブッシュ］
9：アトリエ
［ウーリ・エンゲルハルト、
クリストフ・フォースター］
10：実験室
［マーティン・ミューラー］
11：工房
［ペーター・ヒューブナー、
フィリップ・ヒューブナー］
12：旧建物（コンバージョン／改造）
［マーティン・ブッシュ］
13：クラスルームハウス 1
14：クラスルームハウス 2
15：クラスルームハウス 3
16：クラスルームハウス 4
17：クラスルームハウス 5
18：クラスルームハウス 6
19：参加によるピラミッド

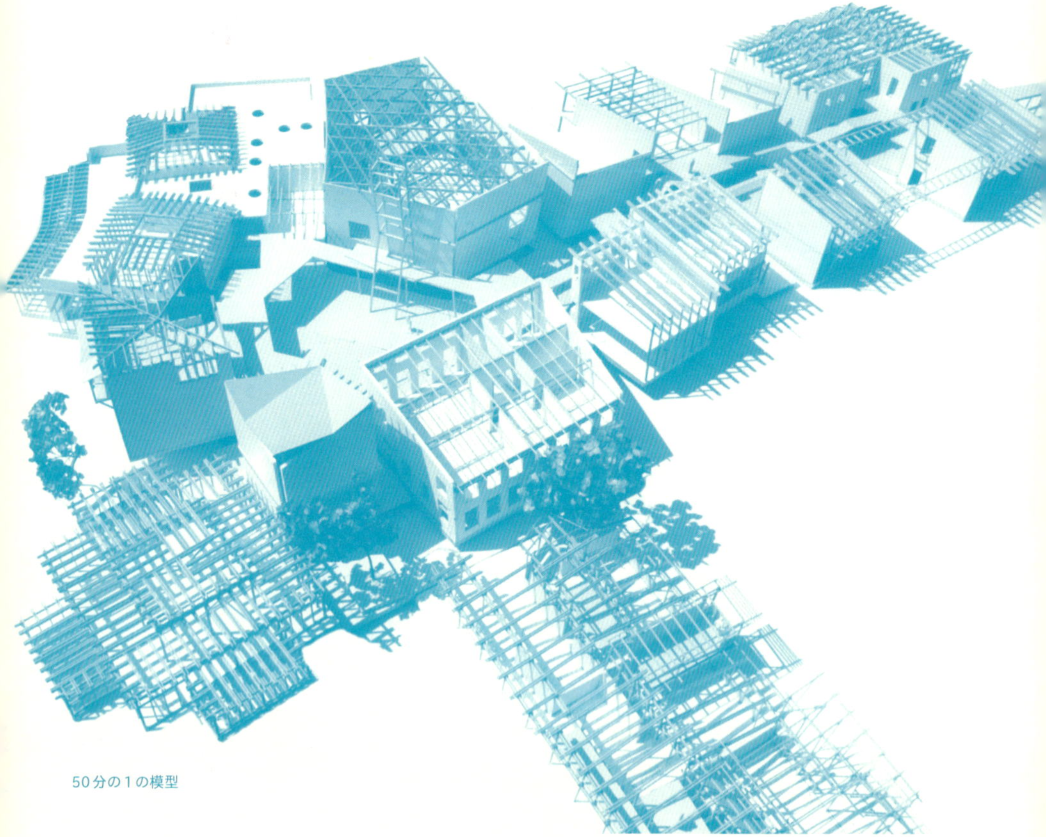

50分の1の模型

こども参加の学校建設

1教室あたり、32人のこどもたちと
ふたりの教師、ひとりの建築家

こどもが学校建設に参加することができるのか？
と多くの大人は考えるかもしれない。しかし、しっかりと責任と役割を示し、
わかりやすいプログラムによって、こどもは大人も思いもよらぬ力を発揮する。
創造性においてこどもは大人と対等、いやそれ以上かもしれない。
男女の担任教師は親のように、そして各クラスに建築家がそれぞれついて、
こどもたちが力を発揮するように見守り、専門家が実現に努力する、
そのこども参加の可能性を示すプロセスがここにある。

新学年・5年生のデザインプロジェクトの日々

プラス＋（plus+）建築設計事務所から5人の建築家がペーター・ヒューブナーの指導のもと、各クラスにはりついて仕事にかかった。建築の専門家と仕事をするには、先生もこどもたちと同じくナイーヴになる。しかし教育に関しては彼らに“専門家のサポート”を期待する。

作業はつぎのように進んでいった。

問題に取り組む前に

自分たちのクラスルームの建物を計画するなんて、私たちにほんとうにできるのだろうか？

そう、この教室で生活している人たちが参加するならできる。つまり、だれが、いつ、どのように、どこで、なぜ、必要としているかを知っているならば、私たちがする以外に、だれが私たち自身の建築の環境について決めることができるだろうか。

基本の原理

生徒は自分たちの大きさを知らなければならない。どのぐらいの広さの部屋を必要とするか？　私たちの活動になにを必要とするか？ これを見つけ出すために、たがいの大きさを測った──座ったりするときに必要な寸法などなど……。

そしてスケッチをして、それも10分の1のスケールで（こどもたちに10分の1とは？と聞かれたら、1mが10cmと覚えてもらう）。そして自分たちのモデルを10分の1の人形でつくる。このステップのおかげで、プロジェクトに対してたくさん感情移入できるようになるに違いない。

自分たちの大きさとは？

最初にクラスにて、学校で行っているあらゆる行動、活動について話す。

書きものをするにはなにが必要？

──たとえば、椅子、机。

先生にはなにが必要？

──たとえば黒板、机、椅子など。

私たち全員になにが必要？

──たとえば洗い場、クロークのペグ(留め具)、棚など。

テーブルや椅子の大きさを測り、粘土でつくってみる。

30体の人形と家具、また先生の人形や黒板を粘土でつくり、どのぐらいの教室の広さが必要かを決める。これを行うために、自分たちがいる教室を測り、これは理想的か、どこを改善しなければならないかを決める。

私たちはメートル単位を使い、10分の1の尺度で必要とされる範囲を描き、具体的に先につくっていた模型の土台に適した大きさを決めた（90cm×140cm）。

いま、私たちはなにがよいか話しているが、それは教室？　いいや——家全体……そう！

部屋と家の違いは？

私たちは家がなにからできているかを話した。

玄関、ときにポーチ、クローク、トイレ、廊下、居間、台所、寝室……、それらを自分たちの教室の家に応用した。

そう、家があるならば専用の庭があるはずだと、このようにこどもたちとよく話をした。

それらの見出しを黒板にいくつか書き出し、ブレインストーミングをした。建築家と教師、そして生徒はこのようにできあがる数分のセットの個人的な作業段階を踏んで進んだ。

10分の1スケールの人形をつくる

木造を示す建築家の役割

用意した薄い棒を使い、これからの作業は10分の1のスケール、つまり5cmは5mmで、25cmは25mmの縮尺で行うことを説明した。断面を最後に説明するのはふたつのテーブルをある間隔で橋渡しすることを説明するによいからである。

細長い木の棒はこどもたちに渡され、チェックされた。黒板に書かれたダイアグラムと模型は2本の垂直の棒、いいかえればふたつの柱が並列した構造の説明に使われた。前学期の教室で古い校舎の屋根の構造を見上げればよく知っている構造であり、また建設のワークショップでふたりの生徒で荷物を支えてみたりして説明された。これは1、2本の梁で、またふたりの生徒で試して、留め金やペグで他の生徒や教師または建築家が固定した。

90cm × 140cm の土台に
模型をつくっていく

このような木造の基本的な知識が教室の建設に使われ、すべての家が遊びいっぱいのプロセスで、建築家とともにプロセスを慎重にチェックして途中、途中で教え、ところによっては指摘して自分たちのいる教室が非現実的な部屋の高さにならないようにした。部屋の高さは3mで、柱と梁は実際の模型をつくる縮尺でカットされた。

教室を分ける壁の問題が話された。つまり、隣人がいるということは仕切る壁があるということだ。カードボードでこれらはつくられ、ファサードやギャラリー、屋根をつくるにあたり、こどもたちが自由に創造できるように。

もちろん、いかに作業が進むかにかかっているが、陸屋根、傾斜屋根の利点、欠点の問題を討議することはできるし、窓の利用も討議されるべきだ。南、東、西、または北のどちらに面するのがよいかは微妙な問題である。南に面すると光がいっぱい入るが、それは影も多くなることを意味し、太陽を遮蔽するものを必要とする。北に面した窓は光が一定でまぶしいこともなくて理想的だ。そして生徒がまるで小さなストーブのようになり、太陽熱は必要としない。教室に重要なのは実際、熱ではなく、光なのである。

どこでも、この段階で遊び感覚豊かな模型が積極的につくられた。これらはまだ“ソフト”であり、いいかえればなにもはっきりと決まっていない。

そして最後のプレゼンテーションで皆が合意した。すべての家が集まり、建築家の支援で、だれが順番の最後になるか、だれのつぎかなどで活発に討議して、個々のクラスが基礎の上か配置図の上に置かれた。

すべてのプロセスは、笑いながら、目を輝かせながら進んだ。とくに校長とペーター・ヒューブナーはそう思った。だれか親がそこにいたということだけでも、そして、最初の第一段階のプロジェクトの最後に大いなる誇りをもつようになっていったのはよかった。

建築家の仕事はこどものアイデアから建築できる家を発展させることである。構造設計者に相談し、こどもたちが建設できる基本となる10分の1スケールでの作業プランをつくることである。

自信作の“家”

最後のプレゼンテーション

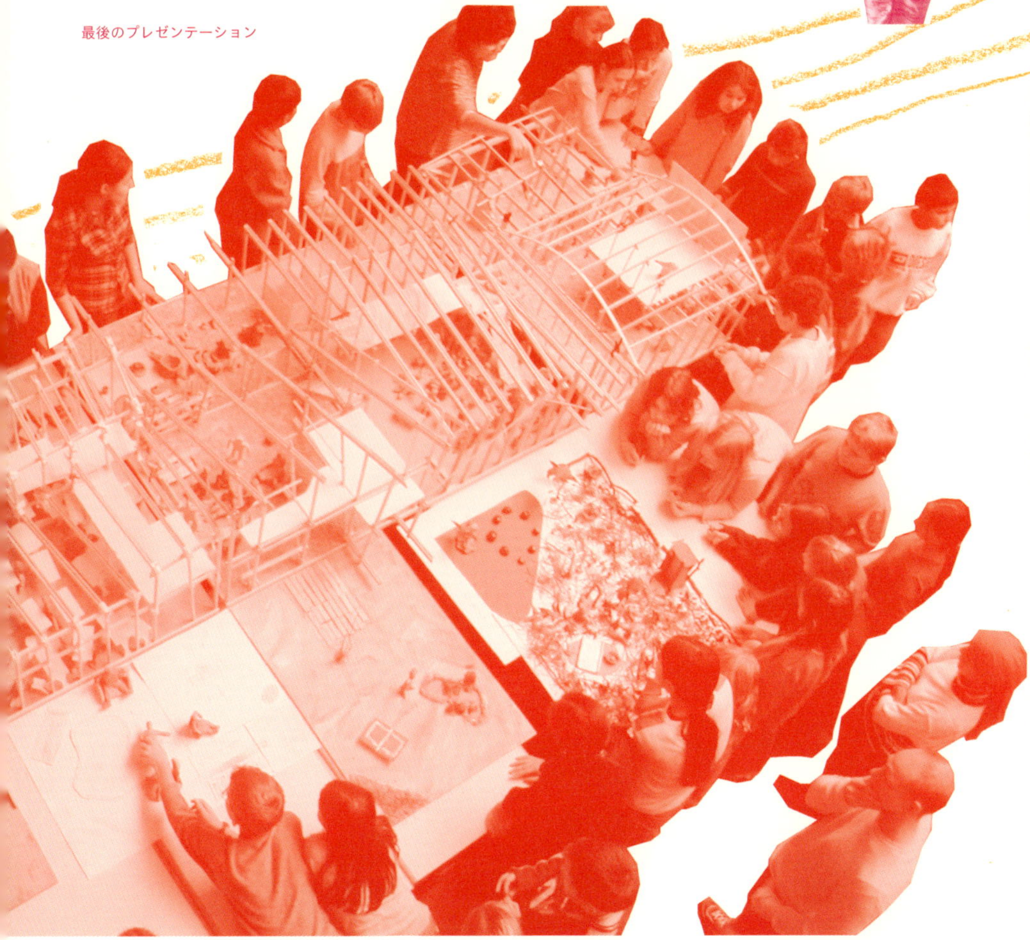

6週間後に、2日間のプロジェクトの日が催された。それはつぎのような建設過程だった。

建築家たちは自分たちのクラスへ戻り、こどもたちにいかに最初のプロジェクトの日々が過ぎたか、とくにこどもたちが考えたことがいかによくなったかなどを話した。そしてそれぞれのクラスの“家”のデザインの適切な模型をつくる新しい仕事について説明した。

大きな10分の1のオリジナルな平面図が3〜4人のこどもたちのグループに渡され、持ち込まれた木片を正確に縮尺にあわせてのこぎりで切ることができるように進められた。そして今回は接着剤と釘で個人個人のパーツ、もしくはファサードの断面、またはトラスの骨組みをつくった。

計って正確に切る

こどもたちは驚くほどの正確さで仕事をし、完全にその全プロセスに参加した。だれが早いか、しかも上手にできるかというある種の競争意識で。

最初の部分が一緒に置かれた、そしたらすぐにわかった。静的に安定するために、なにをどうするべきだったか、と。これは説明されて、すぐにでも受け入れられた。

壁の部分はダンボールで覆われ、初日には仕上げられるだろう。

ペグで留める

構造と空間も立ち上がると
よくわかる

最後のプロジェクトの日の朝に、すべての家は集められ、完成した。それによって教室、ギャラリー、屋上テラス、そしてトイレとともに入り口、そしてさらにスタッフルームと専門家の部屋の実際の姿が見られた。

早く終えたこどもたちはダンボールを10分の1のスケールで切り、すべての家が正午に完成するように、いくつかの家具をつくり、また黒板、教師の机をつくった。

午後1時半に、すべての家の模型が、最初のプロジェクトの日々の成果が見られるように図書館に持ち込まれた。一緒に置かれた新しい家の模型は、いま見てもとてもすばらしく完璧で、こどもたち全員がたいへん誇りに思うようなものだった。それによって親やメディアがすべて完成したときにどんな反応をするかワクワクするものだった。

最終的に午後2時には記者発表がなされ、そして関わった人だれもが参加するパーティが開かれた。

Schüler entwerfen ihr Klassentraumhaus selbst
BISMARCK: Ungewöhnliches architektonisches Konzept an der Ev. Gesamtschule

「生徒が自分たちで夢のクラスルームハウスを設計」と紹介された情報誌の記事（ルール通信 Nr.221、1998年9月19日号）

工事はじまる

ゲルゼンキルヘン・ビスマルク総合学校の、
こどもたちによる計画と設計が終わり、本格的な建設の段階に入った。
工事は、本体が1997年より段階的に、クラスハウスはその翌年からはじまった。
多くの作業員が出入りするなか、生徒は木材を運んだりなど、
自分たちでできるところで、ときに建設作業に加わった。
ヒューブナーはじめ建築家は現場監理に、そして教師はどんな科目に
関連づけるかをあてはめながら、生徒が参加する作業を考えた。

工事のようす

資材到着。

事前に工場でプレカットされているので現場で簡単にパーツを組み立てる。

鉄骨梁と支柱

ドイツでは一般的な木材のつなぎあわせのダボ。日本の伝統工法の継ぎ手・仕口とくらべて簡単なものである。

円屋根（ヴォールト）の構造

細い材で安く強度を保つ工夫を考案するのもヒューブナーの得意とするところ。

プレファブなど建設工法の専門家のヒューブナーの方法は、工場で事前に最大限の作業は合理的に済ませておくというもの。それが現場で作業日数を削減し、結果、コスト削減につながる。

あらかじめ工場で組み立てられた壁のパネル。

あっという間に組み立てられる。

構造材には軽量鉄骨もよく使われる。木と鉄の組み合わせもヒューブナー建築の特徴。

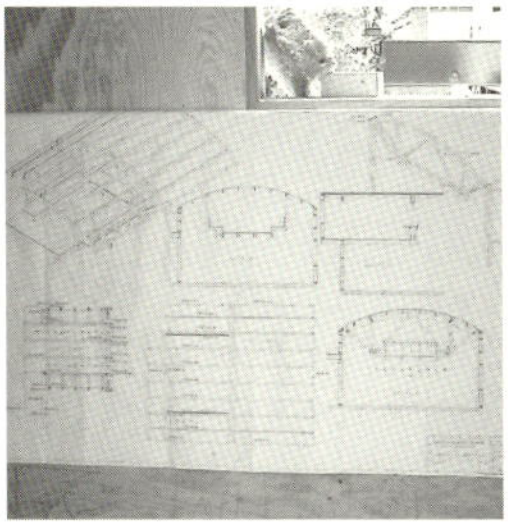

現場に設置された、構造を示す図面。

鳶《とび》職人が納まりを調整中。

鉄骨と木の組み合わせ

円屋根(ヴォールト)の見下ろし。屋根梁と母屋と支柱はボルトで締められている。

屋根の下地を張っている。

クラスルームのギャラリー(ロフト)も吊り構造で支えられる。

そのようにして教室の中に柱が下りないで、上に部屋が設けられる。

円屋根と壁との接合部

粗放型草屋根となる部分

足場の様子。

開口部も変化に富む外観。

外壁が取りつけられていく。

外壁や屋根が取り付けられる前。

草屋根（粗放型）となるための屋根の構造が見えている。

大空間をつくるために吊り構造も採用している。

完成。

地域住民が自力建設した「ピラミッド」

いままで10年間、ルール地域の構造改革はエムシャーパークの国際建築博覧会（IBA）によって、エコロジカルそして文化的な活性化策が講じられてきた。新しい景観と産業と自然、産業モニュメントの新しい利用法、放棄された大規模産業施設跡地を住宅やオフィス、文化やレジャーのために再活用する100以上のプロジェクトが実施されている。

約6,000戸の住宅建設のため、ビルの新築やリニューアルが続けられ、ルール地帯のガーデンシティとしての住宅団地の文化形成となっている——それはよいかたちでの都市開発、質の高い建築と近隣地区の形成をともなったものだ。計画や建設、そして利用にあたって人々が参加することはルール地帯の住宅建設の仕組みとなっている。

住宅建設団体や建設会社、建築家、プランナーとコーディネーターはこのために数多くのプロジェクトに従事している。多くの住宅団地の居住者がこのプロセスに関わり、こどもたちの保育園からお年寄りのケア施設まで、その共用空間を設置・運営し、こどもや若者が参画してオープンスペースをデザインし、そして住宅の自立建設をできるだけ奨励している。

「ゲルゼンキルヘン・ビスマルク——ピラミッドづくりに参加しよう」はこの活動のために捧げられたものである。楽しい住宅に住み、よい近隣関係を保つために、自力建設で責任を分かち合う方法として示された。

このピラミッドは1999年6月12日、各辺15m角、高さ10mのピラミッドの展示施設として建設された。それはIBAエムシャーパークの一部として建設されたりリニューアルされた15ヵ所の団地の居住者が集まってつくられたものである。その「団地文化と近隣」の展示会は15団地の積極的な住民によってつくり上げられ、最終的にこのピラミッドの中で催された。

このピラミッドはシンボルとして存在し、1999年の夏の2ヵ月間以上は展示のために使われ、その後はゲルゼンキルヘン・ビスマルクの総合学校の管理に預けられた。これは地区と学校に対して社会的更新を示す新しいシンボルとなった。またそれのみでなく、青少年事業や展示、発表および会合など永続的なインフラの部分となっている。

（ヘンリー・バイアー・ロッツァー）

78–79

工事はじまる

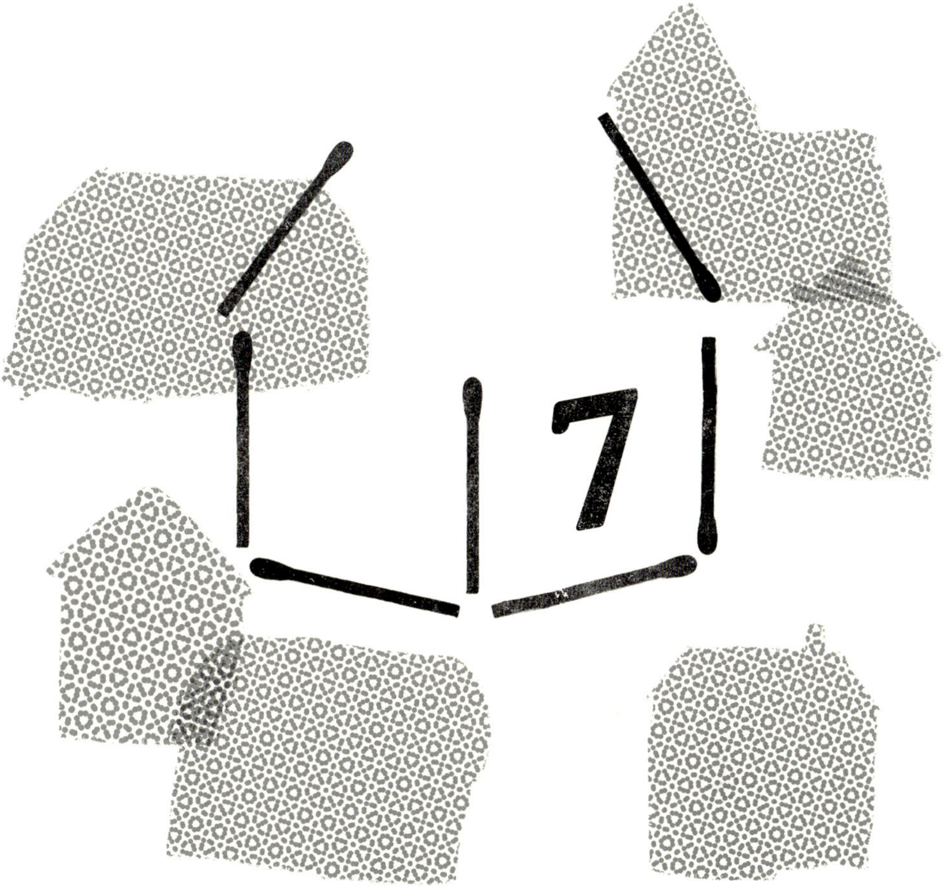

6つの「家」

学校の教室棟は、毎年入ってくる5年生（総合学校では
5年生が新入生にあたる）が、自分たちで設計から建設まで行った。
こどもたちはまるで自分たちの家をつくるようにつくっていった。
親の代わりとしての男女の担任教師とともに、構想づくりから設計、
模型づくり、そして建設工事と関わり、まさに自分たちの“巣”としての
クラスをつくることで、こどもたちにとっては空間づくりのみでなく、
家族のような社会の形成について多くを学ぶ過程ともなった。

Class 1

クラスハウス 1

82-83

1998年、最初に5年生の教室棟（クラスハウス）で、各クラス単位での計画、設計作業がはじまった。なにしろ最初の試みであるので、未知のことへの取り組みに興奮している様子が伝わる。教室にはすべてギャラリー（ロフト）がつくられ、たしかに家のような感じのクラスルームである。こどもたちがつくった10分の1スケールの粘土の人形に合わせて木のスティックで模型の家（教室）ができ、それらを5つ合わせてひとつの集合住宅のように構成された。開口部や屋根の形状はいろいろ個性的であるが、外壁の板張りなど、全体としても統一感が保たれて、そういう意味でも集合住宅のようである。

設計したこどもたちはこのクラスハウスで暮らした後、2004年には卒業して、新入生がこの教室に入ってきた（89ページ）。設計、建設に関わったこどもたちは自分たちのつくったクラスに愛着をもって大事に使ったが、新しい生徒はどうだろうか。ここの写真では、クラスハウスの建設の過程をレビューして、いかにこの学校がつくられたかを知り、そして太陽の動きと採光など、建物の環境への工夫を学び、そして自分たちでギャラリーの改装を考えたりした様子が写されている。こどもたちはこのように、新入生も学校の建物や環境との関わりを強めて、積極的になっていった。

（この章、木下勇）

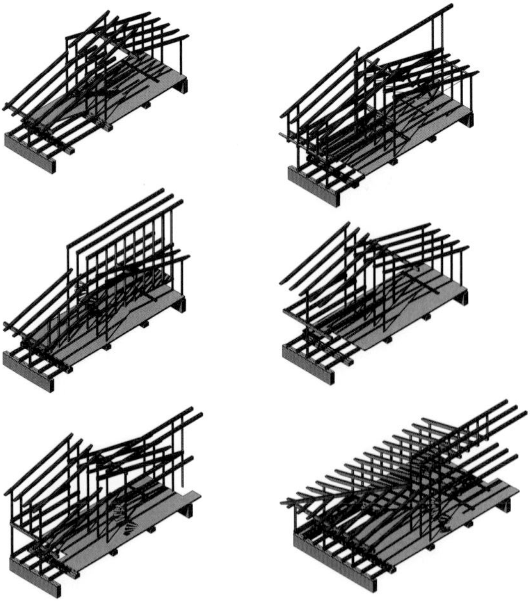

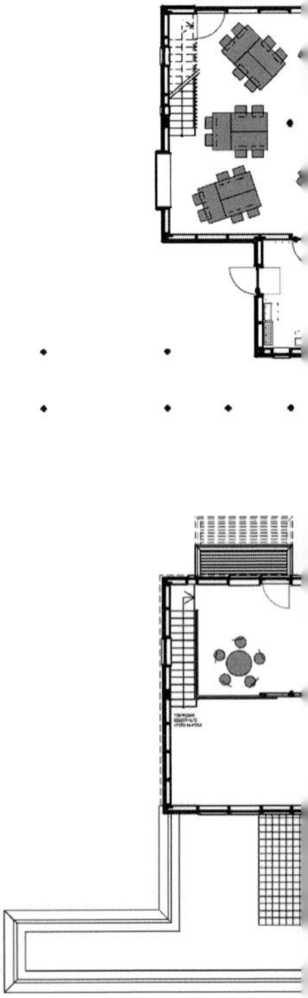

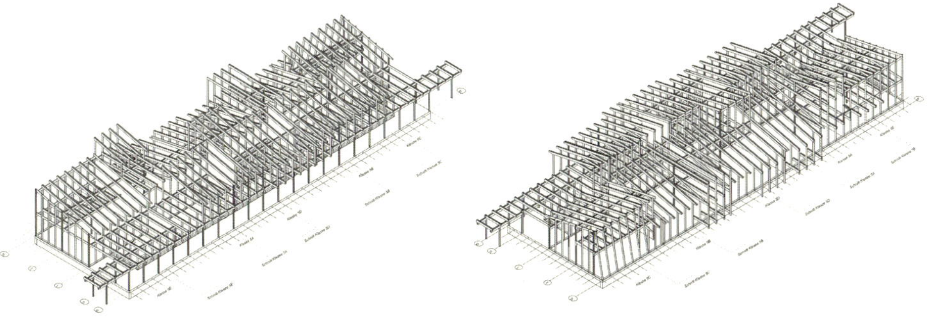

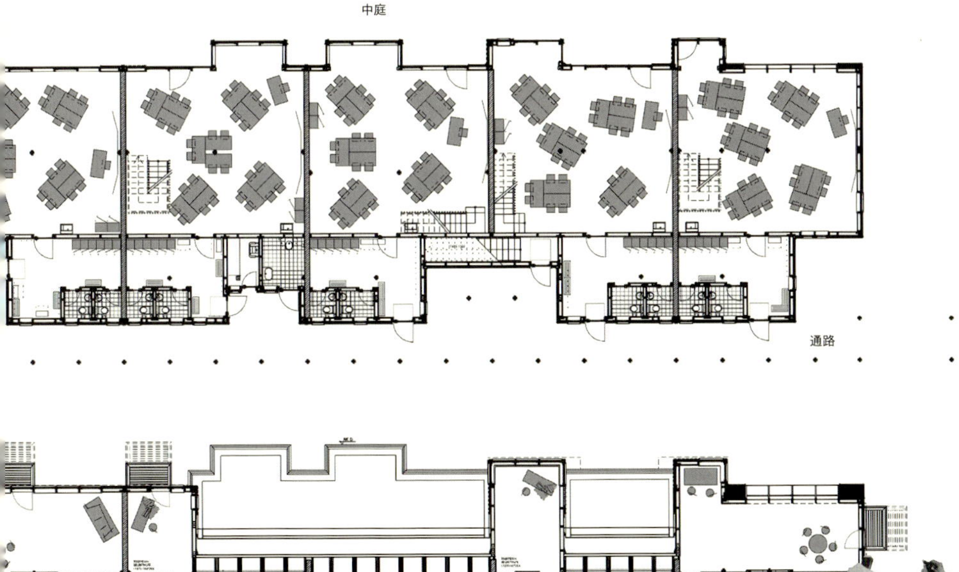

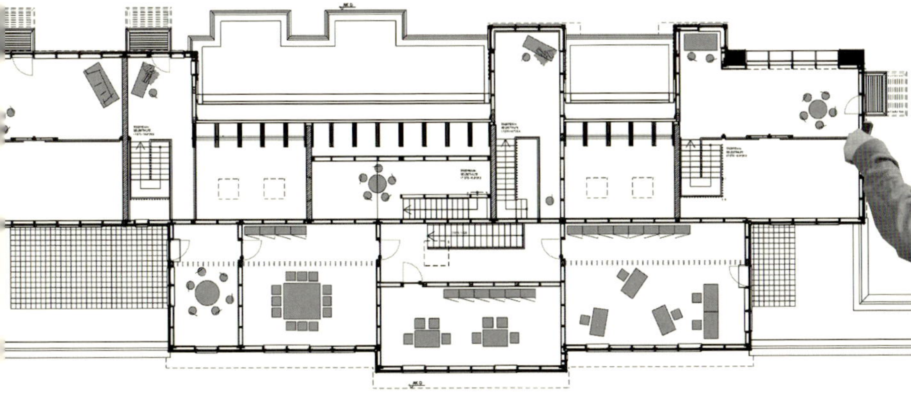

6つの「家」

86－87

1998–99 5年生

5年生（右端がセバスチャン、1998年）

セバスチャン
11年生（2004年）

2004–05 5年生 （前のクラスルームハウスの生徒が卒業した後に入居）

わいわい食堂で「ゴールドスプーン賞」受賞の記念写真

イブラヒム
11年生（2004年）

5年生（1998年）

Class 2

クラスハウス 2

90–91

1995 5年生

2年目のクラスハウスでは、外壁に木ではなく耐火ボードが使われている。色調はそれぞれ淡いパステルカラー調に明るく、かつあたたかくコーディネイトされている。不統一のようでありながら、なんとなく統一感も感じられるのは不思議である。前年のクラスハウスづくりとは違うものをつくろうという気概が感じられる。

2004–05
10年生

Class 3

クラスハウス 3

94-95

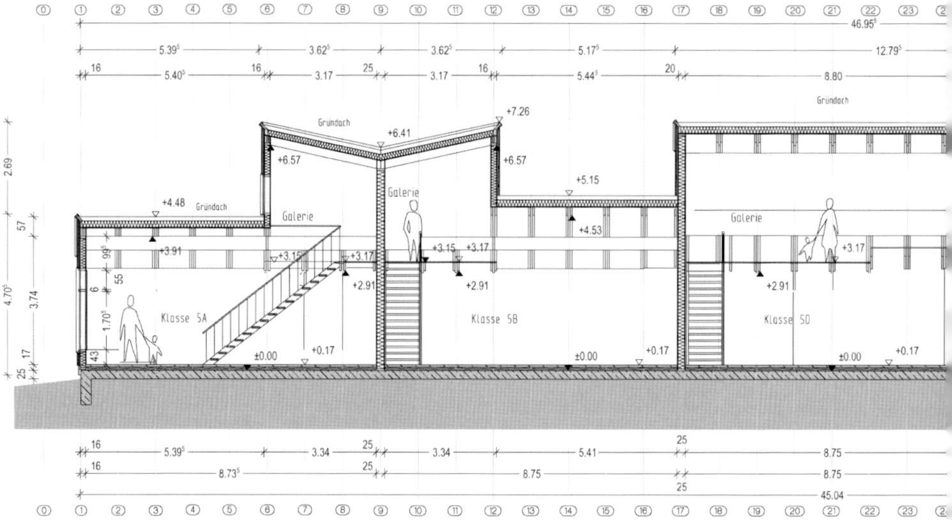

ふたたび木竪板張りの統一した感じで、全体がひとりの設計家によるもののようでもあり、各クラスが異なるという、多様性と統一性を見事になしえている。より洗練されてきた感じがする。開口部は大きく北側の採光をとり、天窓も設け人工照明を省くように工夫され、南側にはソーラーパネルがつけられており、1階部分はセットバックして日陰をつくり、また水面からの涼風も引き込むような、省エネがより工夫されていることもうかがえる。

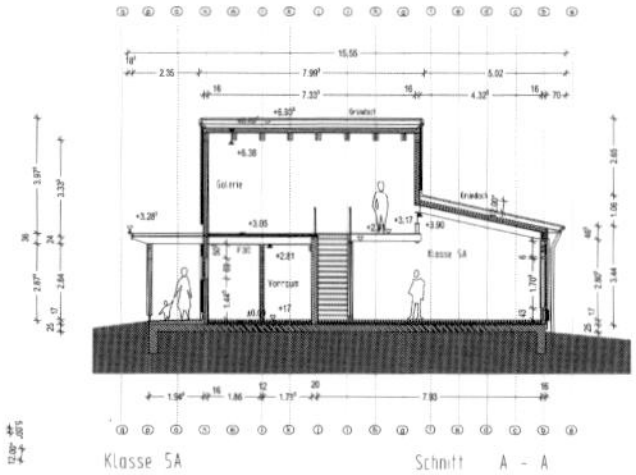

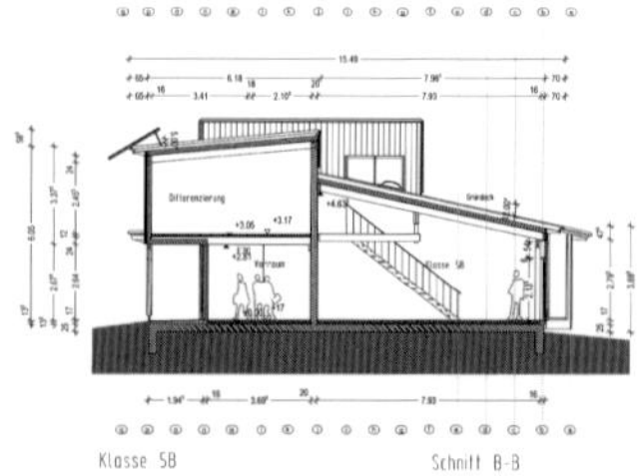

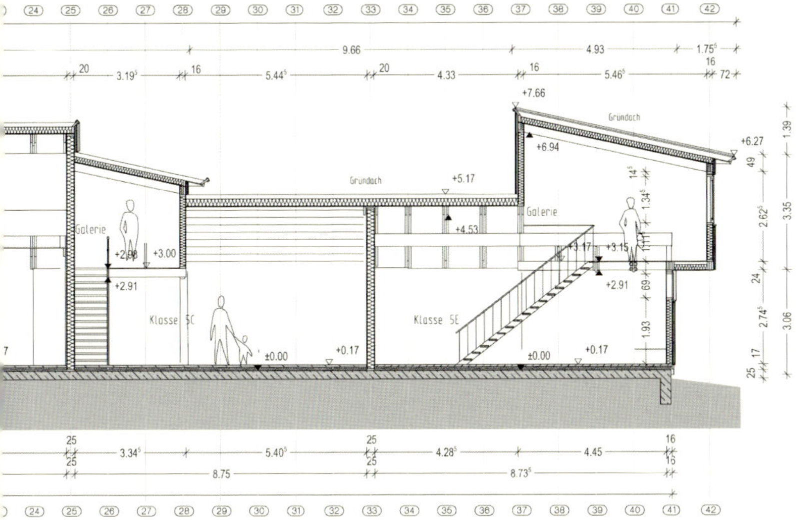

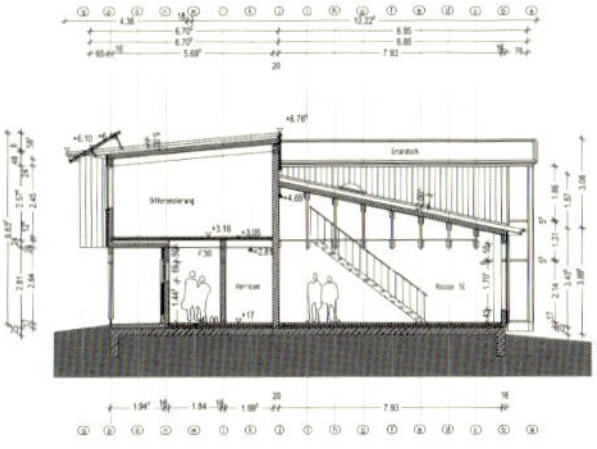

Klasse 5C Schnitt C - C

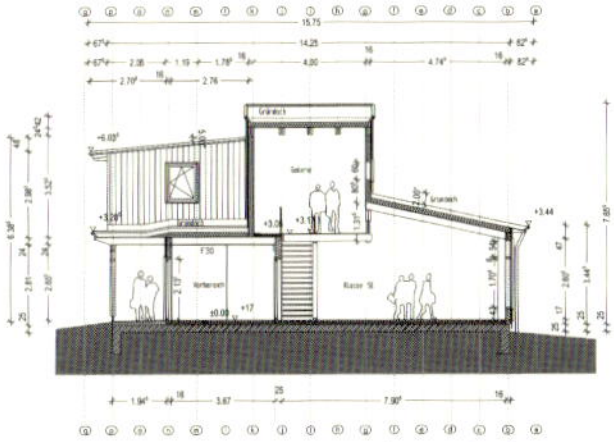

Klasse 5E Schnitt E - E

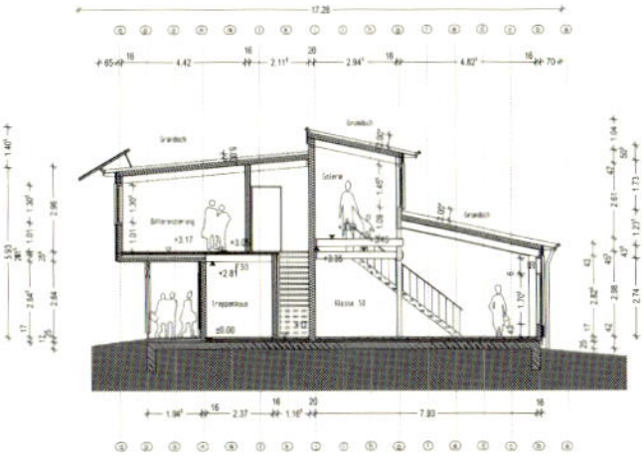

Klasse 5D Schnitt D - D

2004-05
9年生

Class 4

クラスハウス 4

98-99

前年の方法が踏襲されて、慣れた形で、複雑さを避けて、より単純化しているようである。しかし、各クラスの個性による多様性と全体の統一性が醸し出されているのは圧巻である。

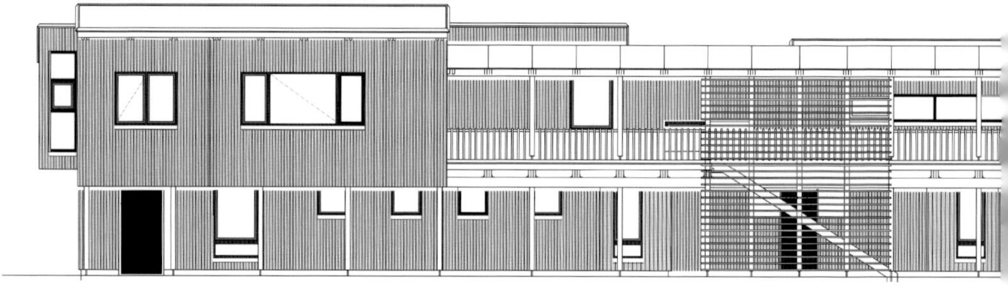

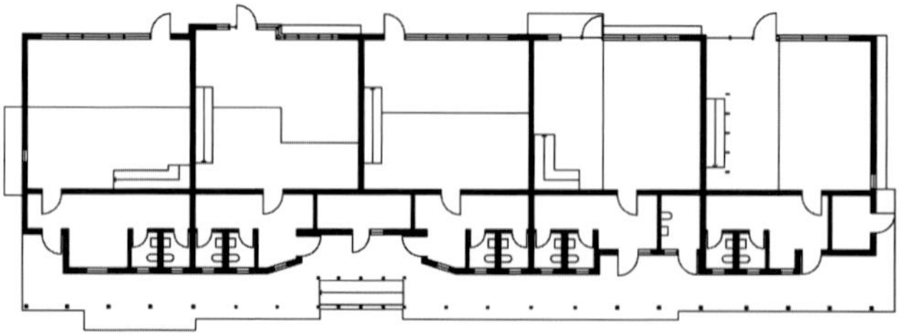

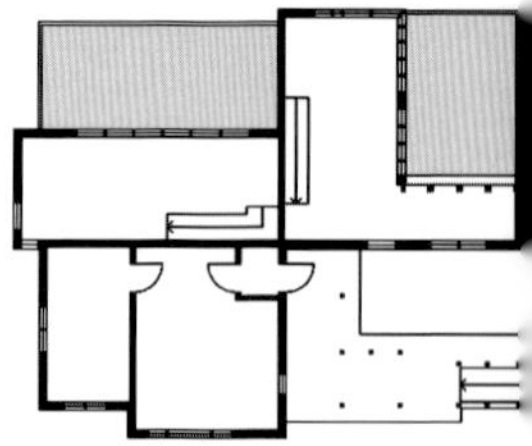

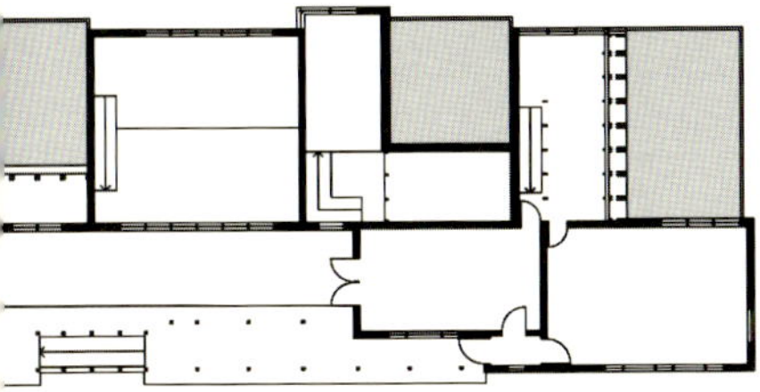

2004–05
8年生

Class 5

クラスハウス 5

102–103

前年とまた違えて、円屋根を取り入れたりした屋根形態のせいか、より複雑になっているかのようである。キャンティレバーで飛び出してる2階など、分節化も細かくなっているせいかもしれない。竪板張りの統一感はあり、当初からそうであるが草屋根の露出も目立つように感じられる。

内部は斜め材の支柱や梁をトラスで組んだり、細い材で構造を安定に保つための工夫が、内部空間の雰囲気としても大きな要素となっている。

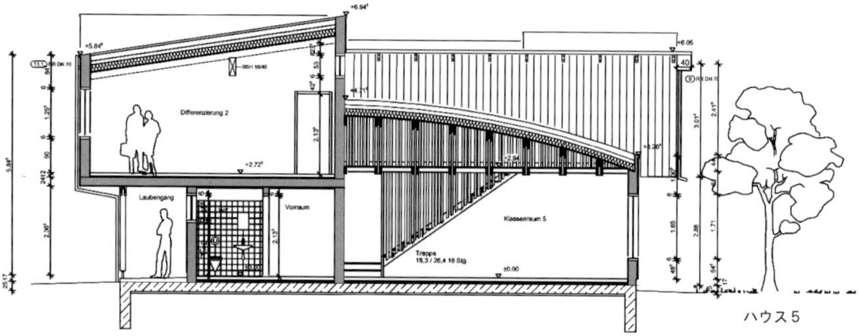

ハウス5

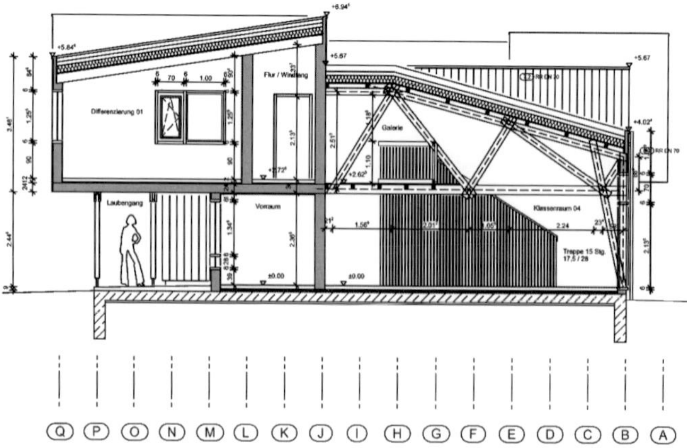

ハウス4

104-105

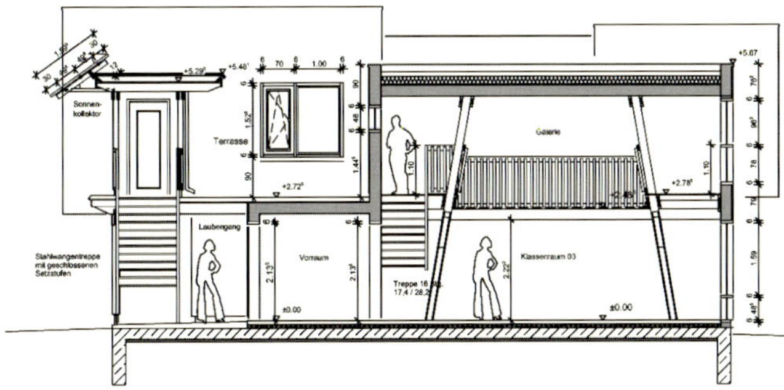

ハウス3

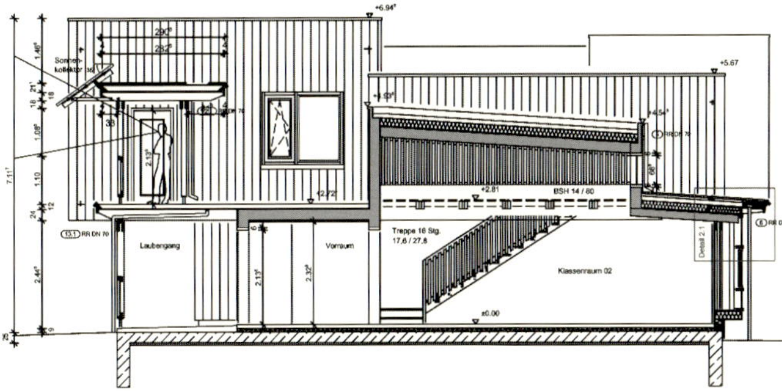

ハウス2

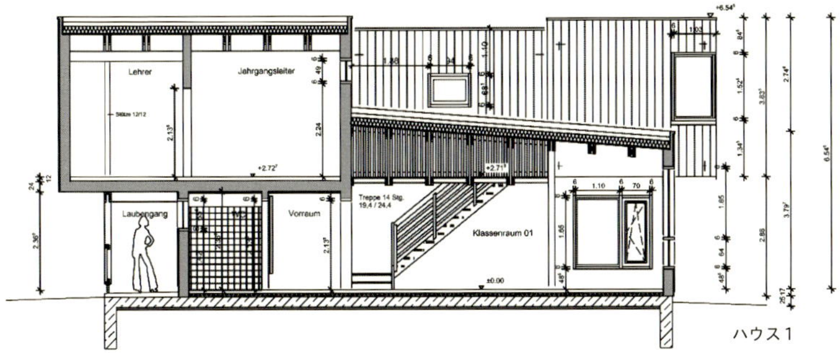

ハウス1

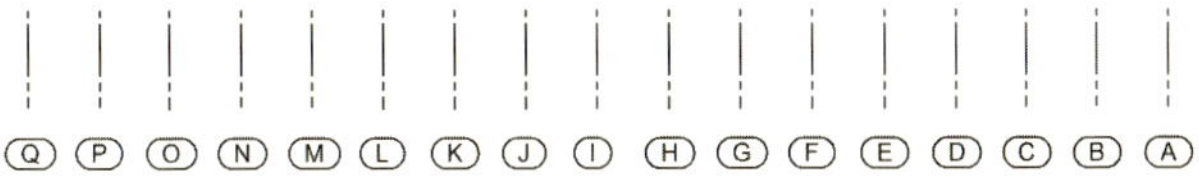

ENSEMBLE

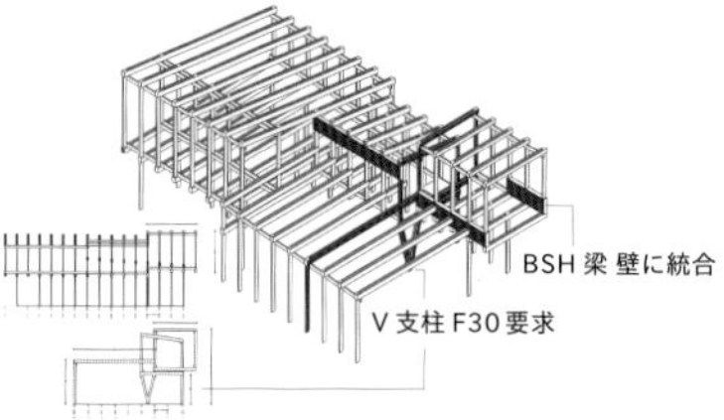
BSH 梁 壁に統合
V 支柱 F30 要求

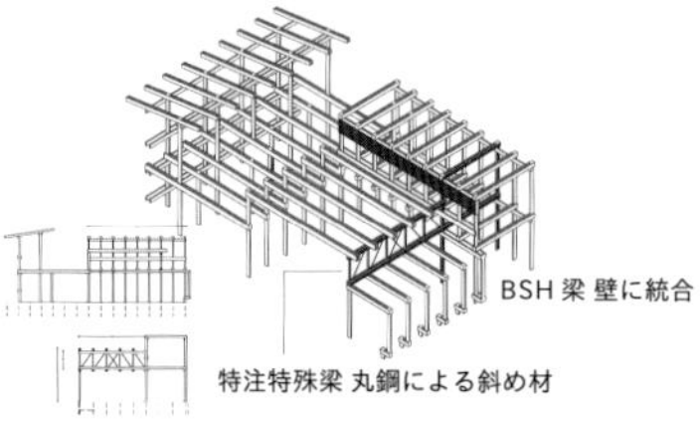
BSH 梁 壁に統合
特注特殊梁 丸鋼による斜め材

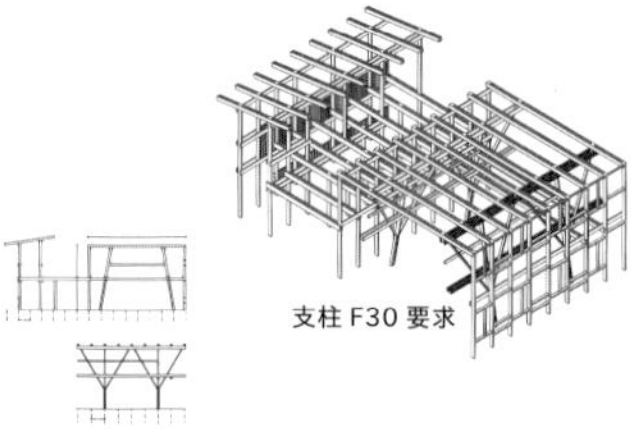
支柱 F30 要求

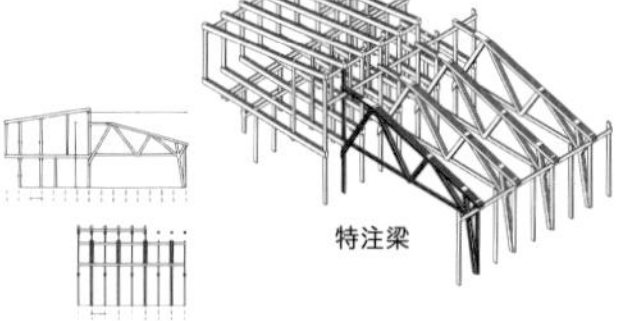
特注梁

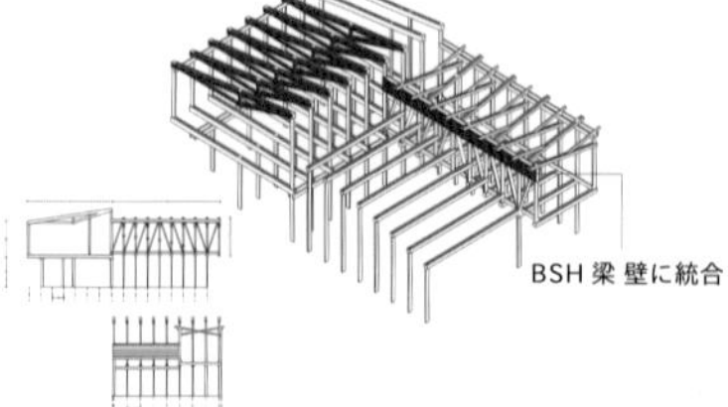
BSH 梁 壁に統合

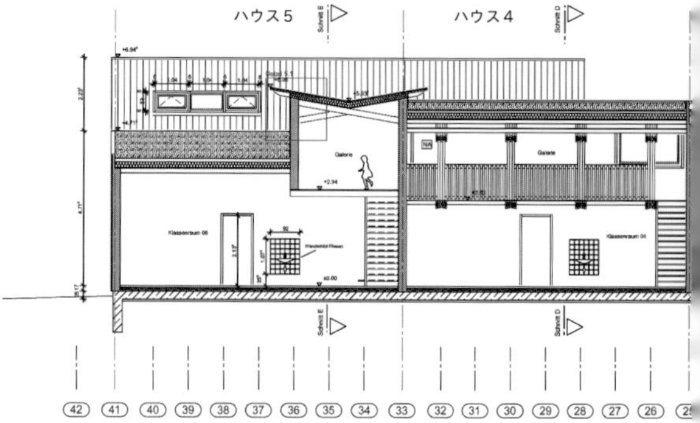
ハウス5
ハウス4
Galerie
Galerie
42 41 40 39 38 37 36 35 34 33 32 31 30 29 28 27 26

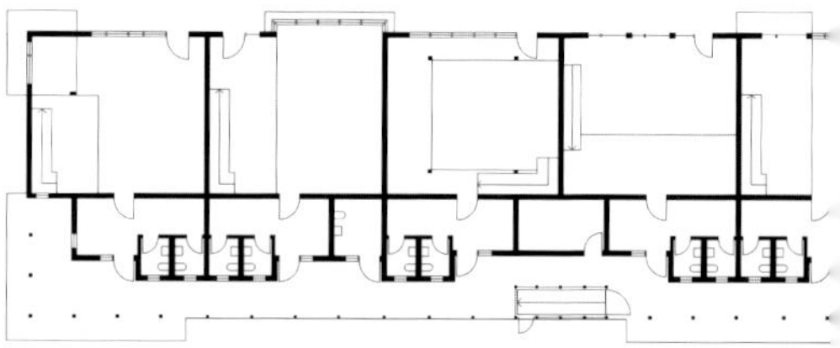

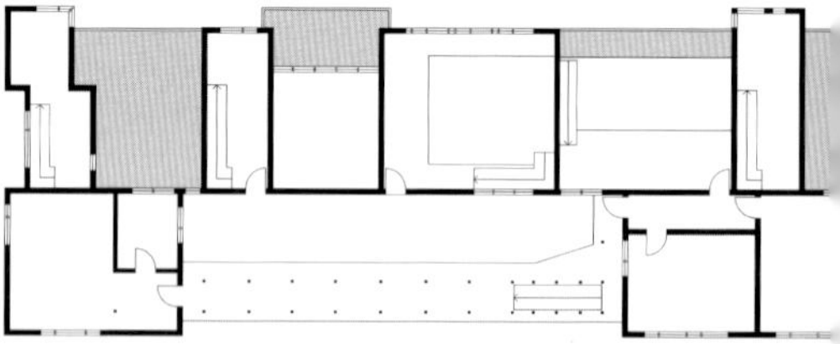

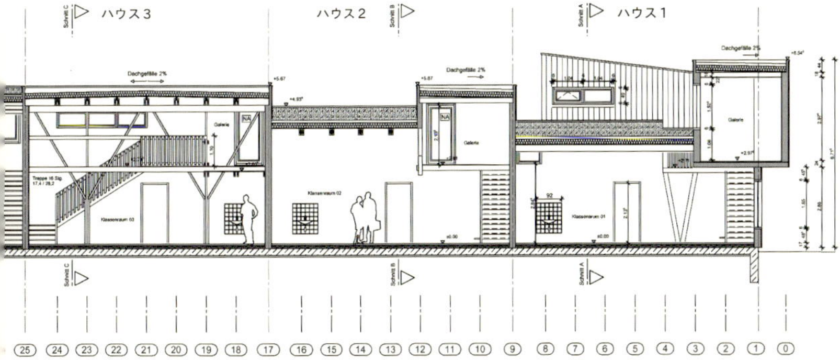

長手側断面図

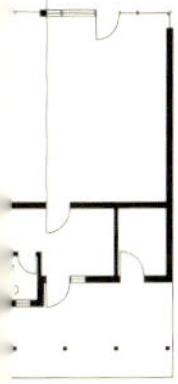

1階

2階

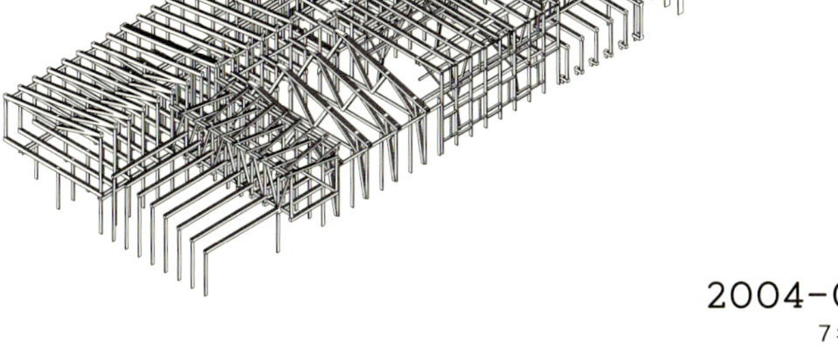

構造

2004–05
7年生

Class 6

クラスハウス 6

110-111

前年の挑戦であった円屋根により本格的に取り組み、さらにまたひとつのクラスルーム（家）の外壁を人工素材のボードとしてアクセントをつくり、より変化をつくり出している。それぞれのクラスルーム（家）についた建築家それぞれの個性がより発揮された感じでもある。または生徒たちが先輩の取り組みの成果を見て、より今までと違うものをと発奮したのか、その点は詳しくはわからない。この６年間のプロセスが決して マンネリ化することなく、つねに新しいことにチャレンジしてきたことがうかがえる。

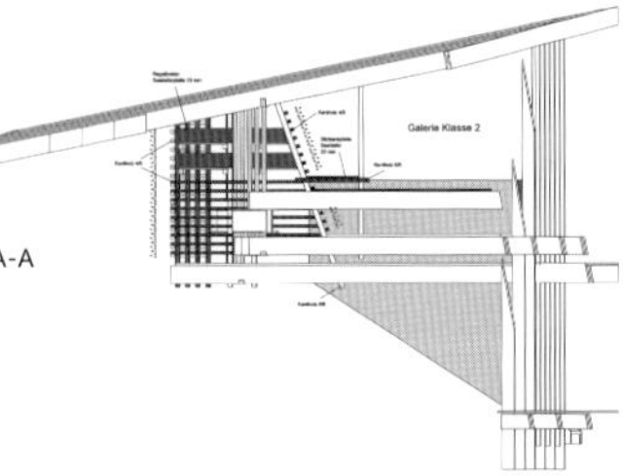

断面 A-A

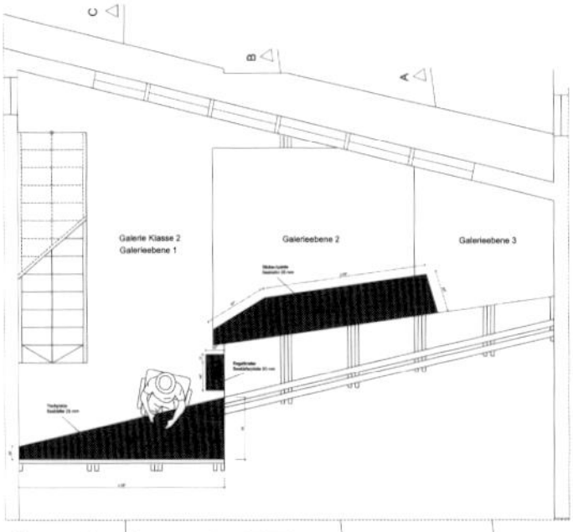

ギャラリークラス２　平面

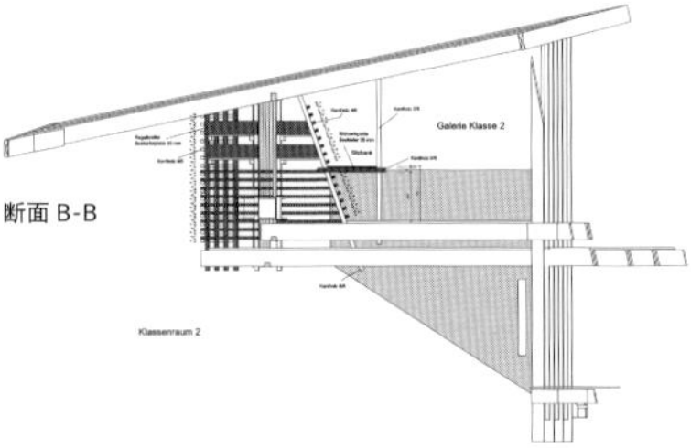

断面 B-B

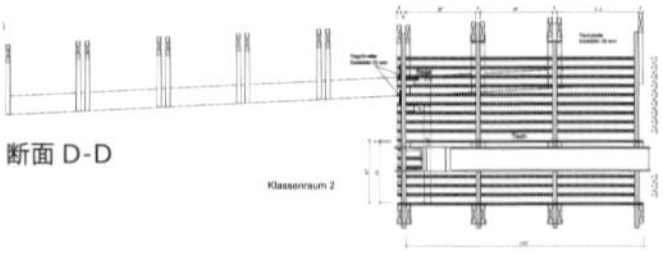

断面 D-D

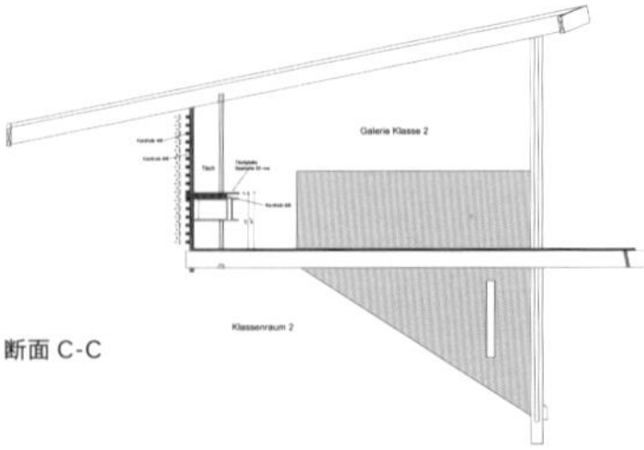

断面 C-C

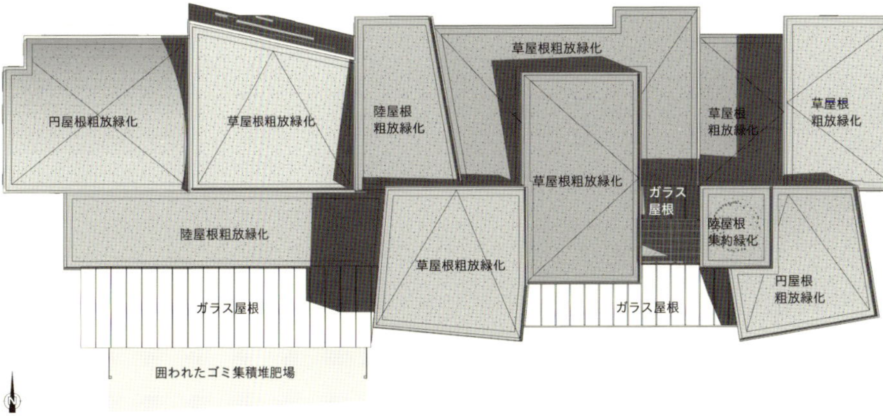

円屋根粗放緑化
草屋根粗放緑化
陸屋根
粗放緑化
草屋根粗放緑化
草屋根粗放緑化
草屋根
粗放緑化
草屋根
粗放緑化
陸屋根粗放緑化
草屋根粗放緑化
ガラス
屋根
陸屋根
集約緑化
円屋根
粗放緑化
ガラス屋根
ガラス屋根
囲われたゴミ集積堆肥場
N

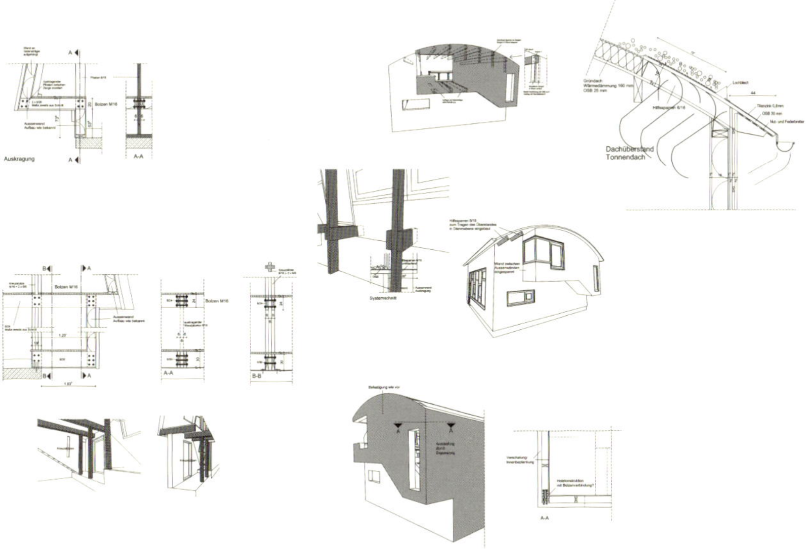

Auskragung
Bolzen M16
A-A
B-B
Systemschnitt
Dachüberstand
Tonnendach

2004–05
6年生

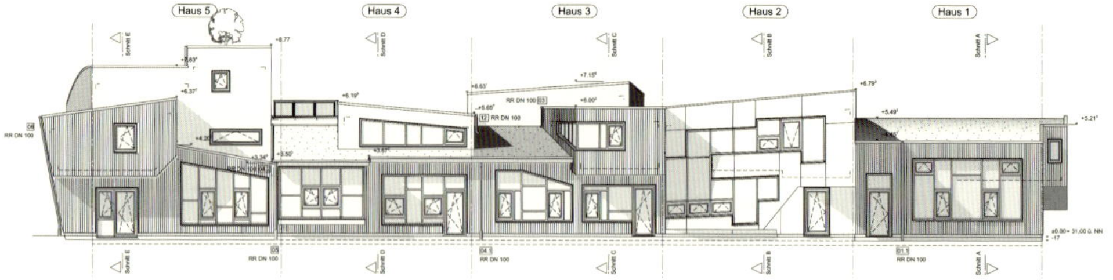

北側立面図

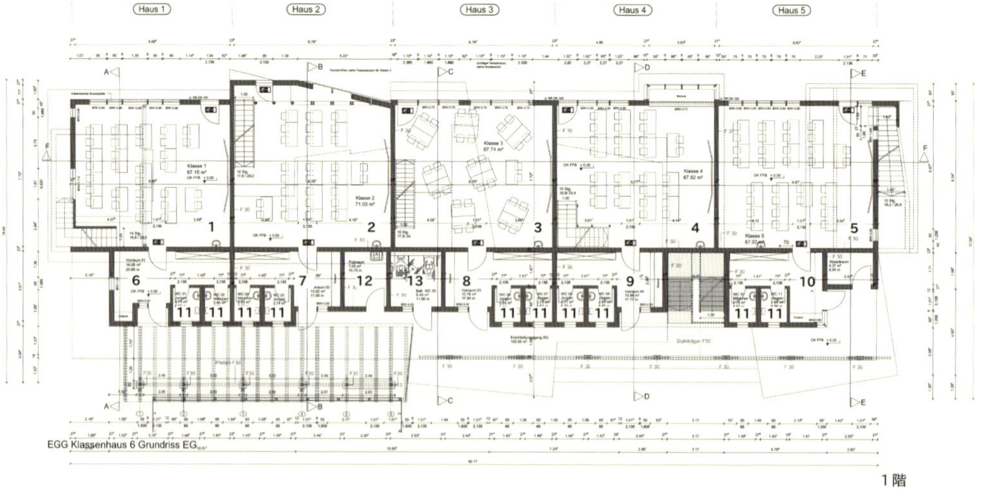

1階

1：クラス1（$67.15m^2$）
2：クラス2（$71.03m^2$）
3：クラス3（$67.74m^2$）
4：クラス4（$67.82m^2$）
5：クラス5（$67.07m^2$）
6：前室1（$16.05m^2$）
7：前室2（$13.82m^2$）
8：前室3（$13.78m^2$）
9：前室4（$13.68m^2$）
10：前室5（$13.17m^2$）
11：WC
12：掃除室（$7.05m^2$）
13：障害者用WC

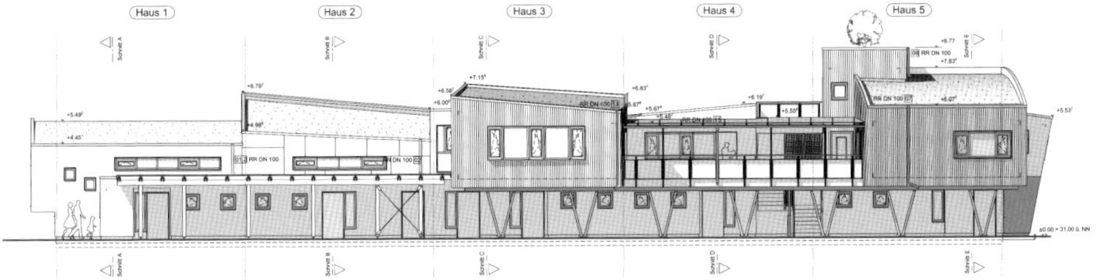

南側立面図

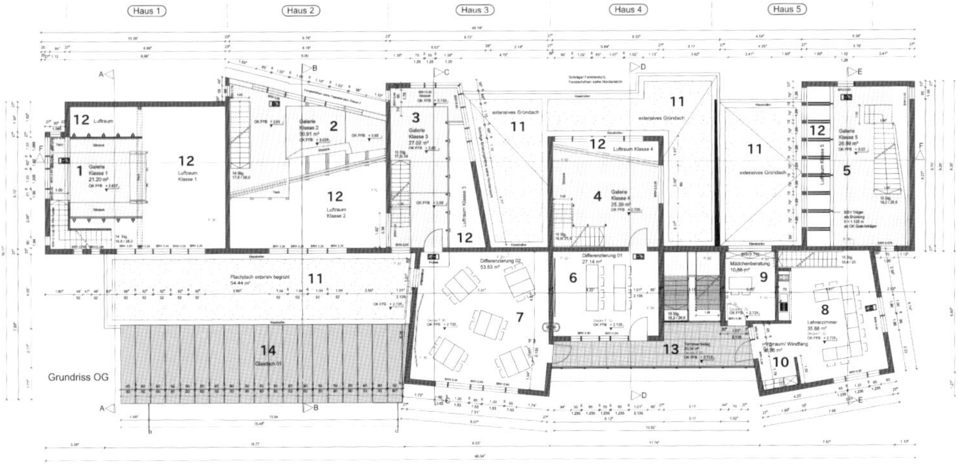

2階

1：ギャラリークラス1（21.20m^2）
2：ギャラリークラス2（30.91m^2）
3：ギャラリークラス3（27.02m^2）
4：ギャラリークラス4（25.39m^2）
5：ギャラリークラス5（26.99m^2）
6：区分学習室1（27.14m^2）
7：区分学習室2（53.53m^2）
8：職員室（35.88m^2）
9：女子生徒相談室（10.58m^2）
10：前室（6.86m^2）
11：粗放緑化屋根（34.44m^2）
12：吹き抜け
13：天窓ガラス

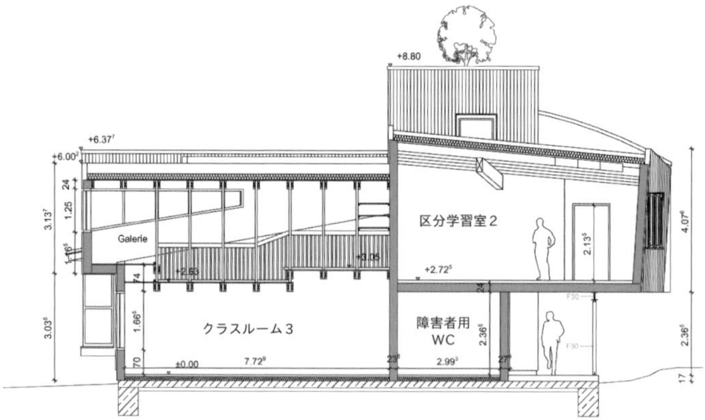
+8.80
+6.37
+6.00
Galerie
区分学習室 2
+2.72
+3.05
+2.63
クラスルーム 3
障害者用
WC
±0.00
7.72
2.99

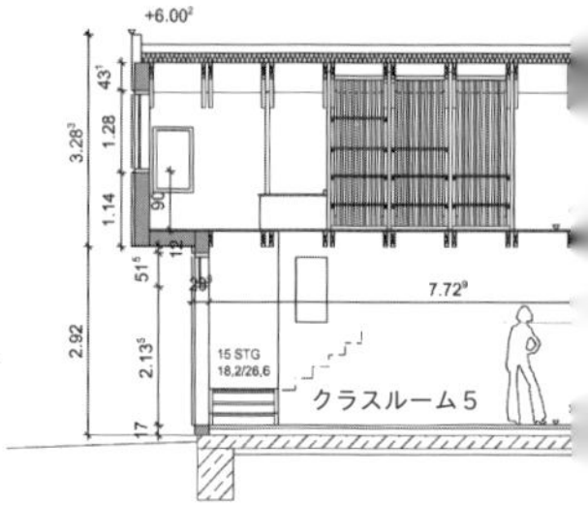
+6.00
15 STG
18,2/26,6
7.72
クラスルーム 5

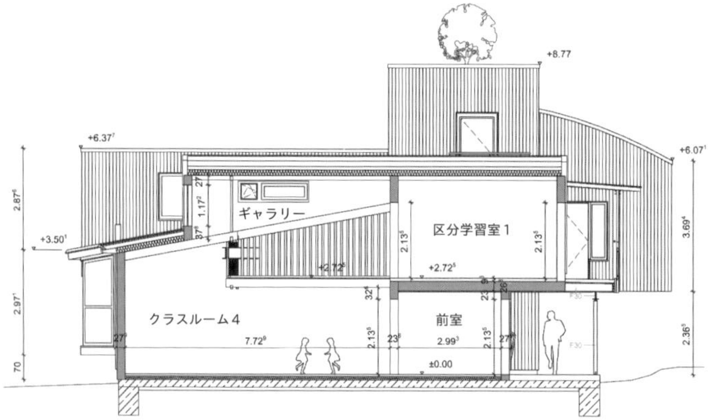
+8.77
+6.37
+6.07
+3.50
ギャラリー
区分学習室 1
+2.72
クラスルーム 4
前室
7.72
2.99
±0.00

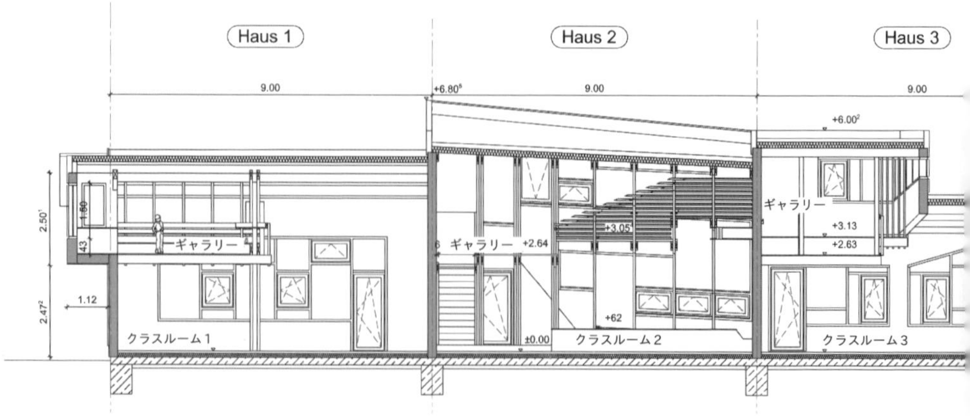
Haus 1
Haus 2
Haus 3
9.00
9.00
9.00
+6.80
+6.00
ギャラリー
ギャラリー
+2.64
+3.05
ギャラリー
+3.13
+2.63
1.12
+62
±0.00
クラスルーム 1
クラスルーム 2
クラスルーム 3

116–117

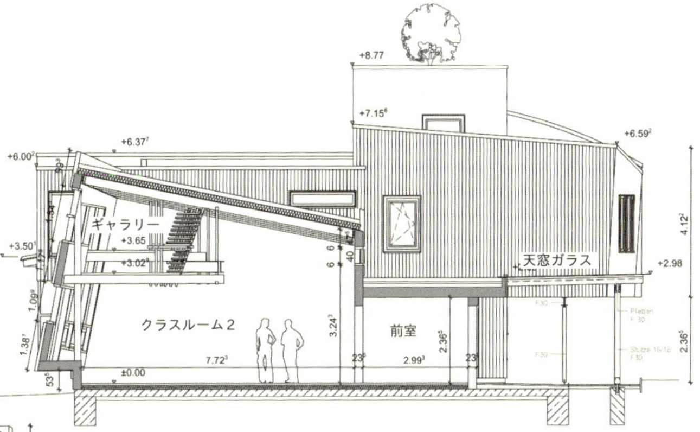

+8.77
+7.15
+6.37
+6.59
+6.00
ギャラリー
+3.65
+3.02
+3.50
天窓ガラス
+2.98
クラスルーム２
前室
±0.00
7.72
2.99

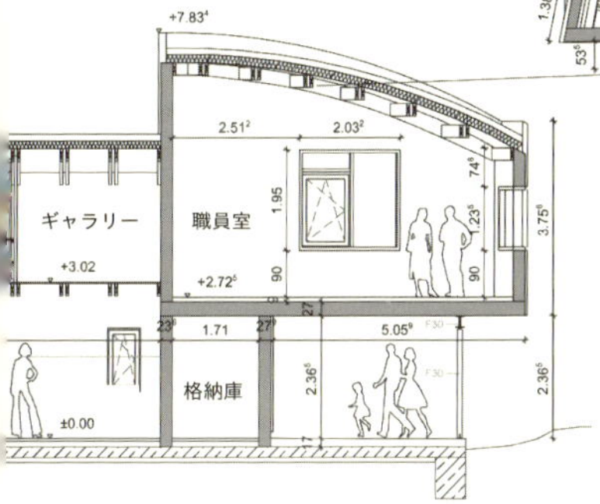

+7.83
ギャラリー
職員室
+3.02
+2.72
格納庫
±0.00

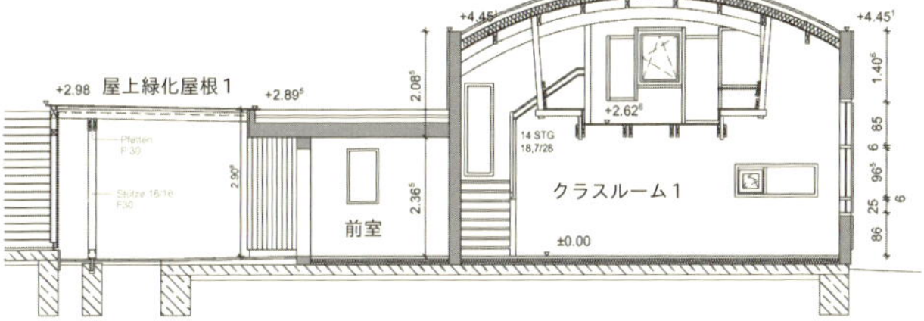

+2.98
屋上緑化屋根１
+2.89
+4.45
+4.45
+2.62
14 STG
18,7/28
前室
クラスルーム１
±0.00

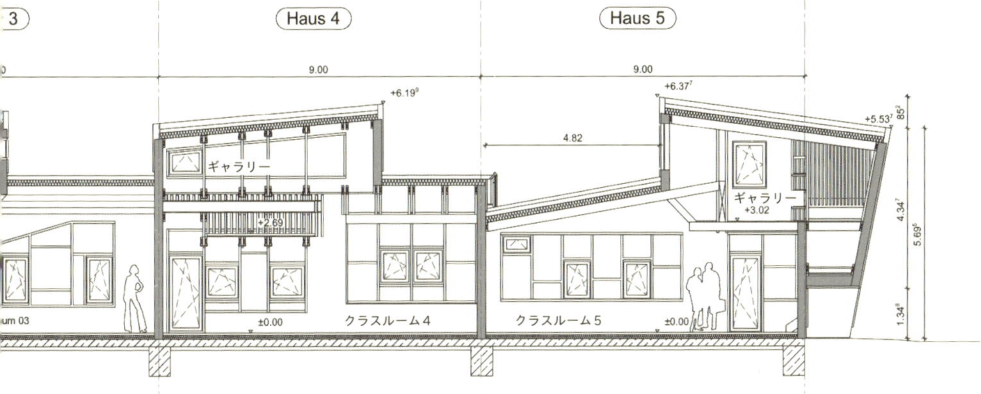

3
Haus 4
Haus 5
9.00
9.00
+6.19
+6.37
+5.53
4.82
ギャラリー
ギャラリー
+3.02
+2.69
±0.00
クラスルーム４
クラスルーム５
±0.00

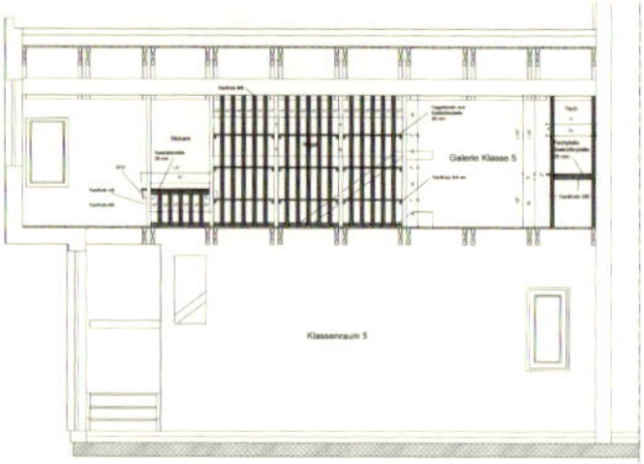

断面 A-A

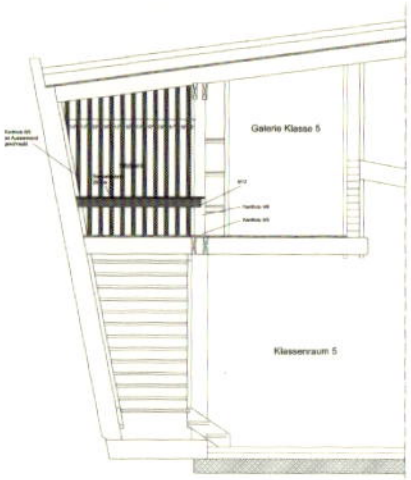

断面 C-C

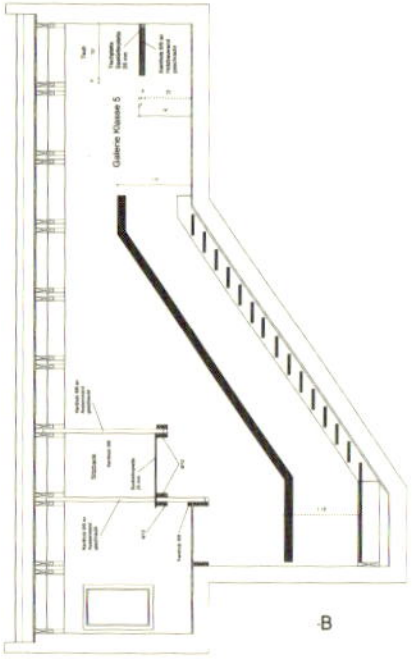

断面 B-B

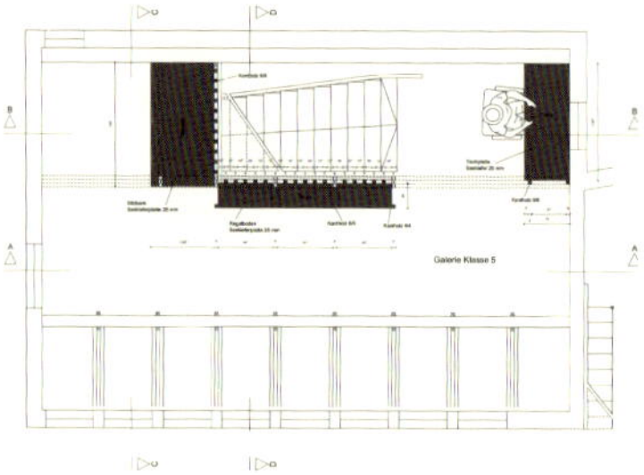

ギャラリークラス5　平面

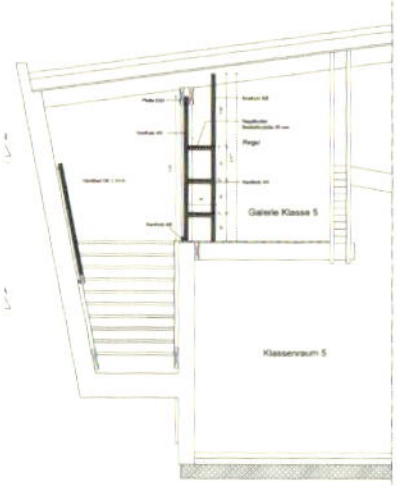

断面 D-D

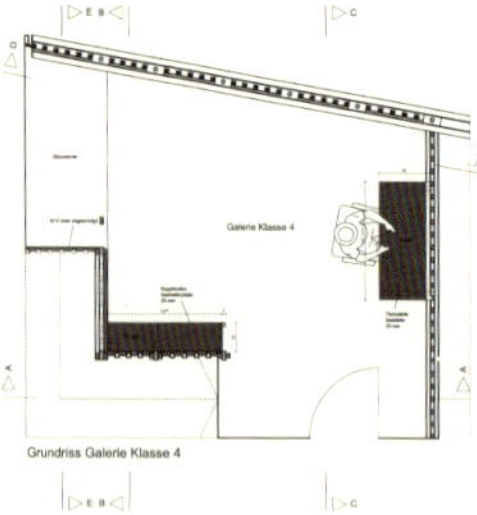

ギャラリークラス4　平面

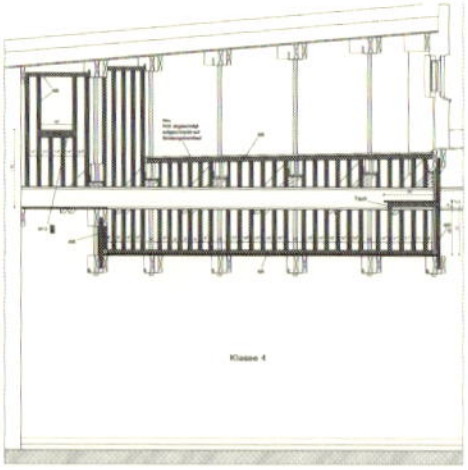

断面 D-D

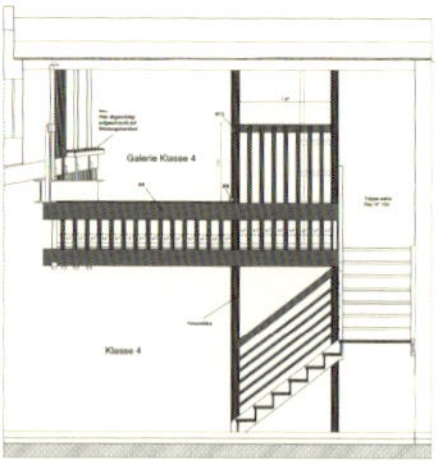

断面 E-E

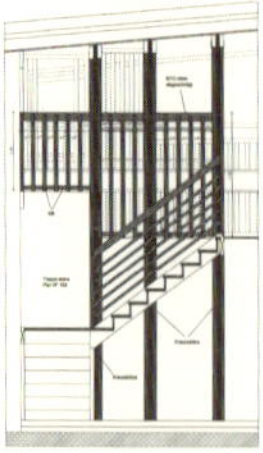

断面 A-A

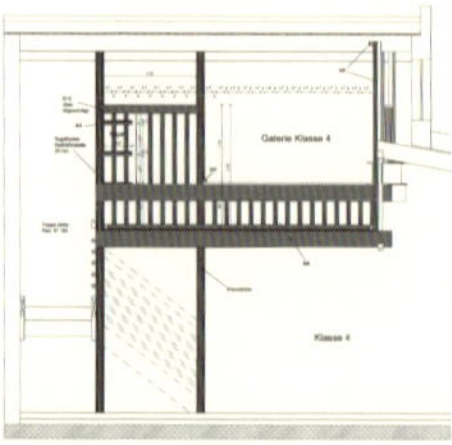

断面 B-B

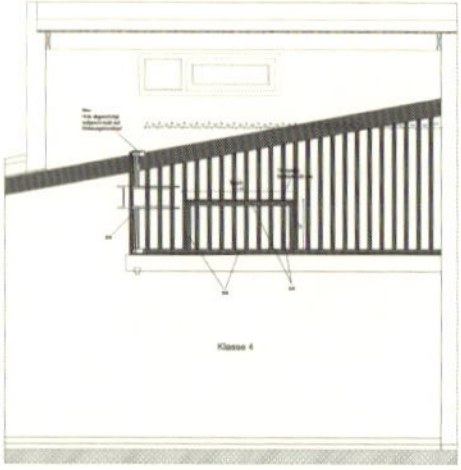

断面 C-C

118–119

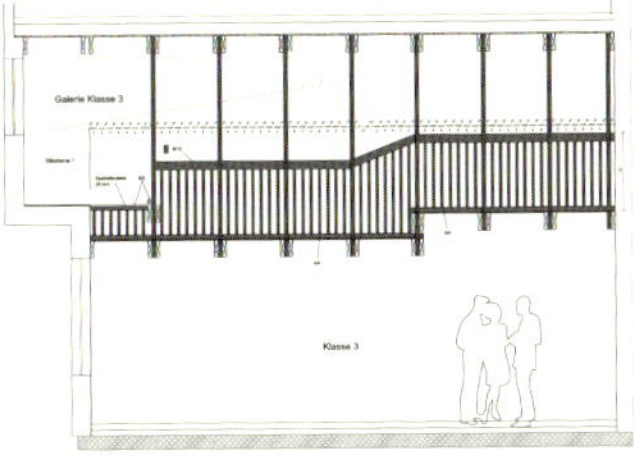

断面 A-A

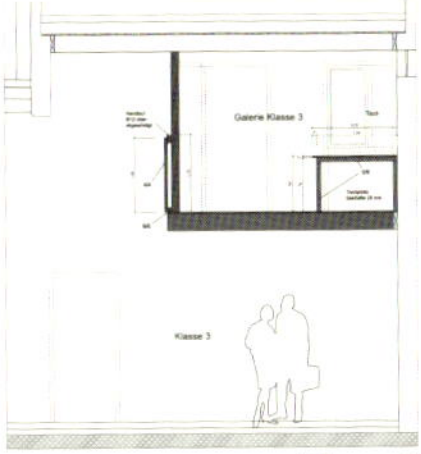

断面 B-B

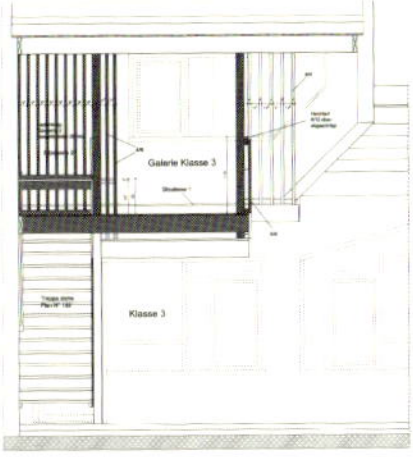

断面 C-C

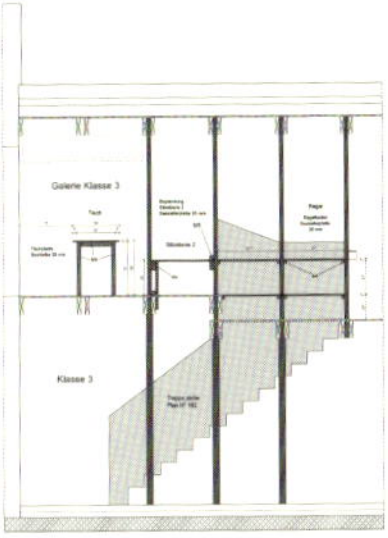

断面 D-D

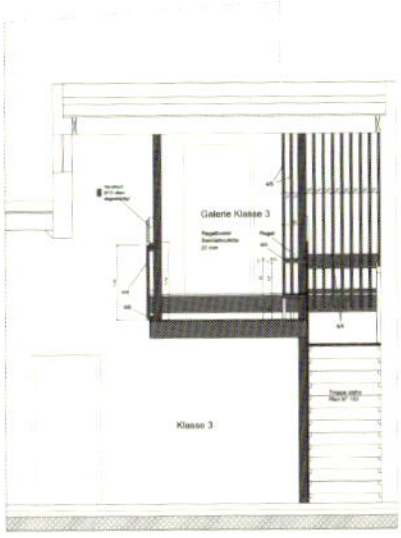

断面 E-E

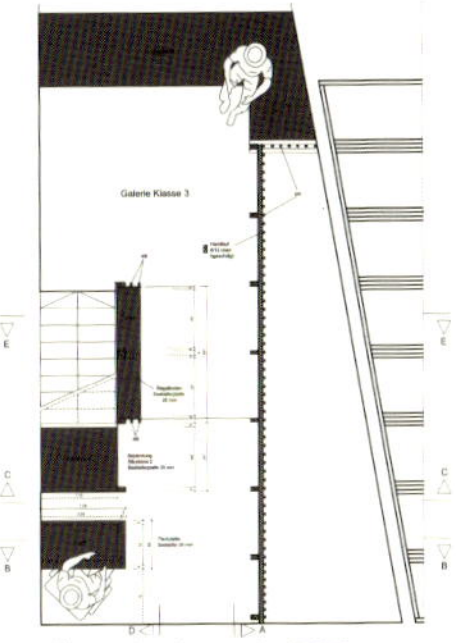

ギャラリークラス３　平面

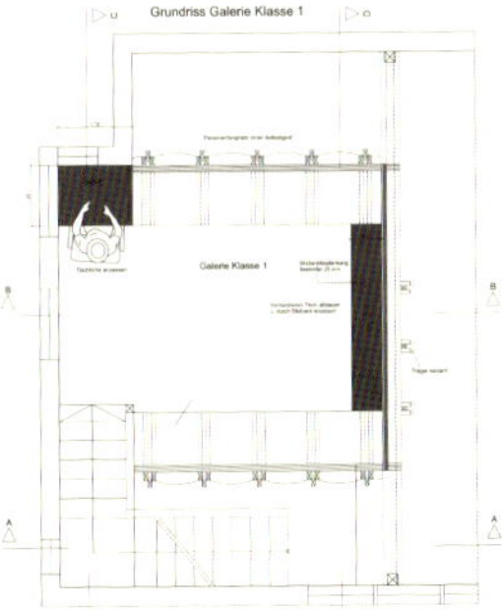

ギャラリークラス１　平面

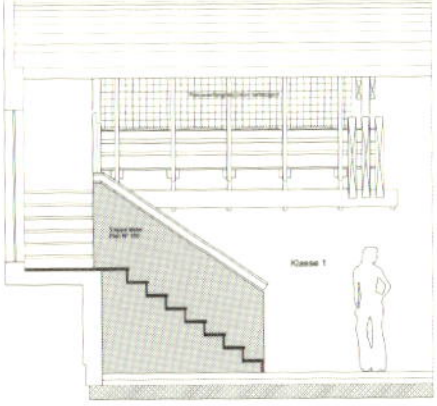

断面 A-A

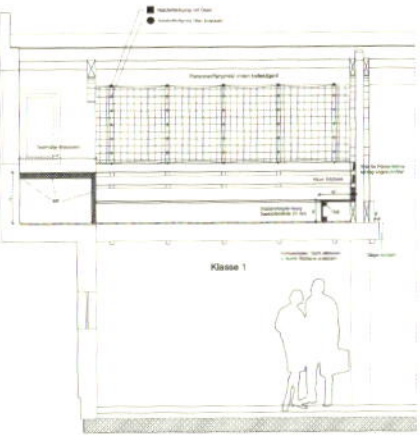

断面 B-B

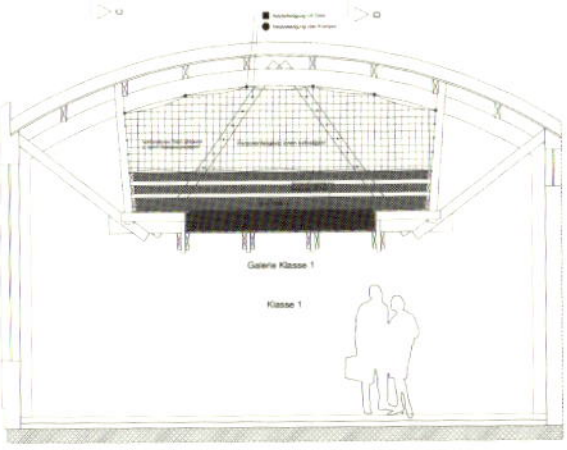

断面 C-C

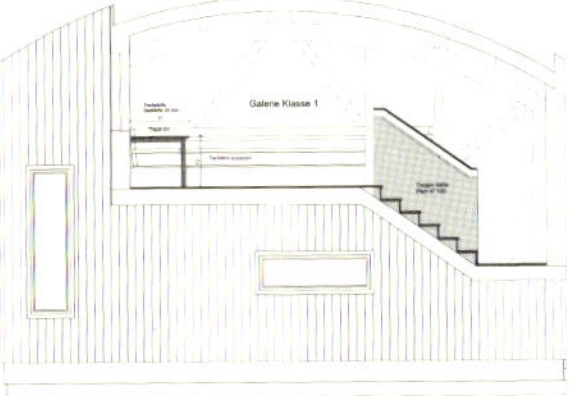

断面 D-D

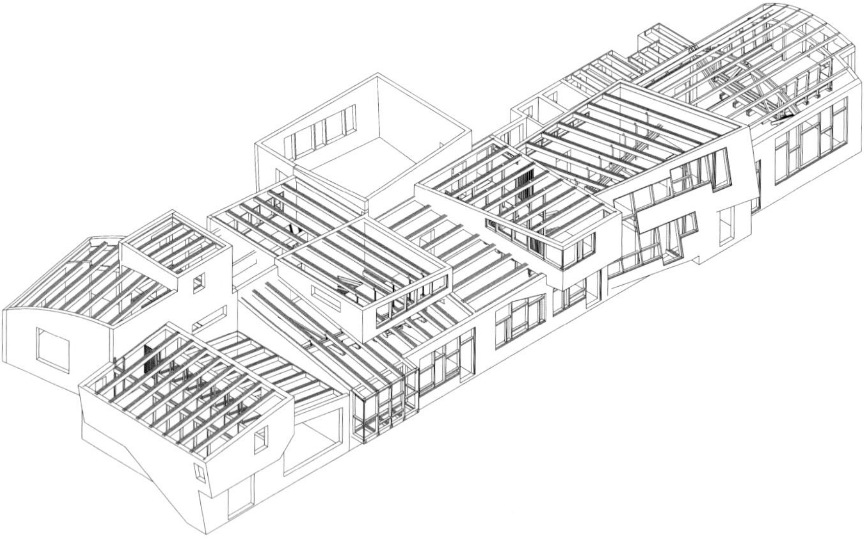

120-121

8

学校の中の通り

学校には壁もフェンスも門もないし、また周囲の住宅団地の区画も
学校と違和感なく街並みが形成されているので、街と学校が一体となっている。
だから住宅地から学校には知らずに入っていき、そして学校の中のメインの通りは
天窓からサンサンと太陽光が入り、アトリウムの広場に誘導されてくる。
そこは劇場やレストランや役所（職員室）、チャペル、集会場など
さながらまちの市場が開かれる広場のよう。廊下ではなく“学校通り”として開かれ、
学校がまちの一部としてあることを意識させてくれる。

the School Street

学校通り

市場と市役所（職員室）、そして学校通り

左に実験室、右に薬屋（保健室）

北に向かっての学校通り

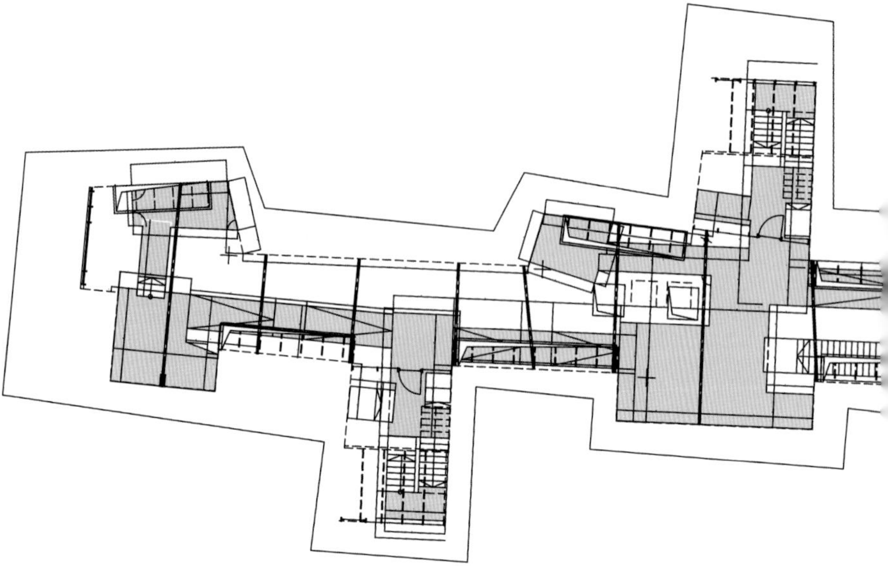

デザインを実現する

私たちの設計競技（コンペ）での成功の元は、学校の建物を総合した全体としてではなく、つまり小さなまちのように、違った種類のものが豊富に、いろいろあるというようななにか――11人の異なる建築家がそれぞれ個々の建物を計画し、デザインし、実施することを信頼してマネジメントしてきたことである。

プロテスタント教会側からはこの事業のふたりの生みの親から大変な支援をいただいた。フリッツ・ズンダーマイヤー氏は上級教育課長、そしてヴィルフリード・ヘルド州教会議員、両氏にはわれわれの事業について惜しみない助言と批評をしていただいた。そして建築局のベルナー氏は事業の最初から最後まで専門的支援をしてくださった。

私たちはコンピューターを使って三次元で計画を練っていった。それによって動画を見て、プロジェクトを継続的にモニターすることができた。しかし同時に、詳細なスケールでの大きな模型も、このとても複雑なプロジェクトを把握するのにきわめて重要なものであった。こんなに多様な空間が、とくに右翼側の建物でとりわけそうであるが、八角形の劇場、円い形の工房といったものが実現できたのは驚くべきことである。

建物の雰囲気はハイナー・ニーハウスの色彩と照明デザインおよびマネジメントプログラムによる（140ページ参照）。建物は木材を自然な状態で多用し、エネルギーを節減しエコロジカルな側面をも強く示している。 （ペーター・ヒューブナー）

124-125

学校通り、平面図

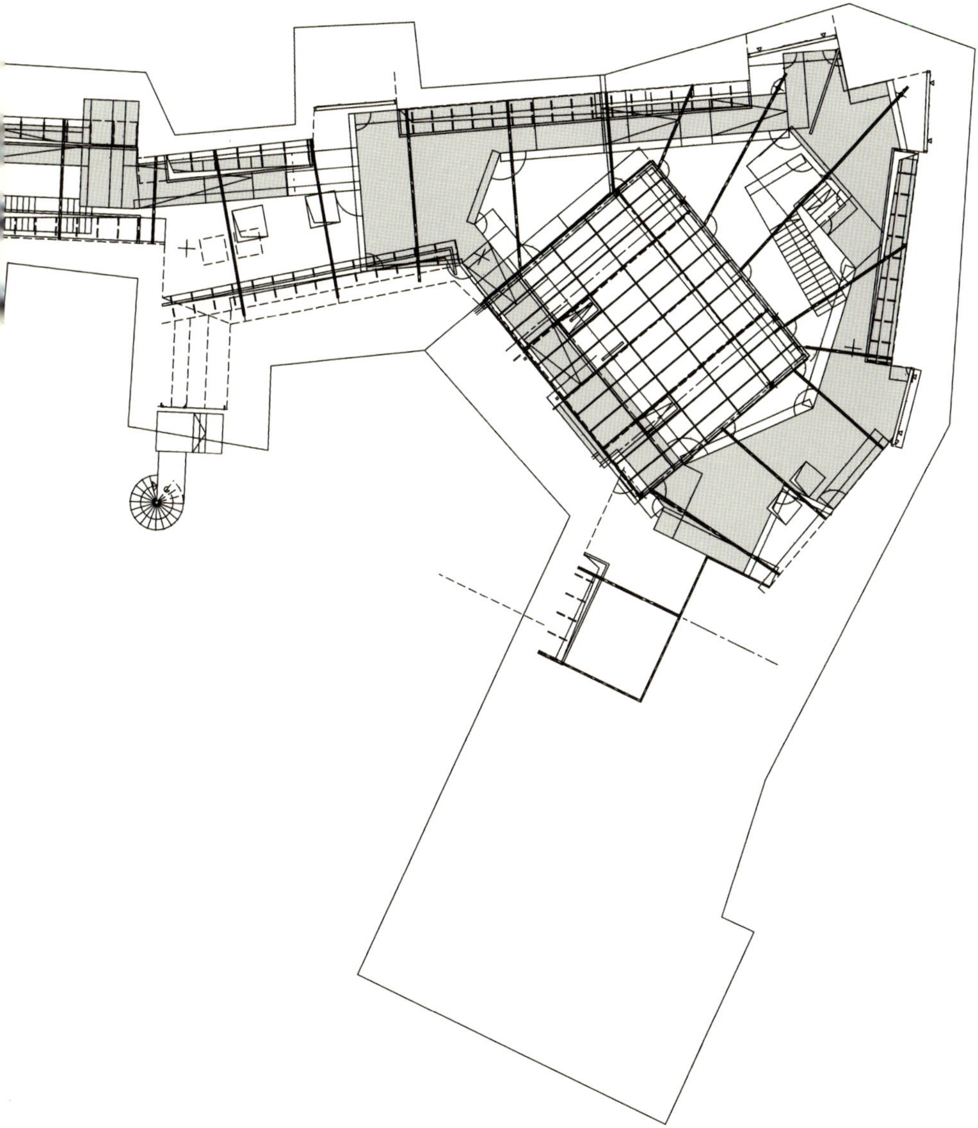

Library/ Community House

図書館／コミュニティハウス

126-127

図書館（右）とコミュニティハウス（左）

学校の中の通り

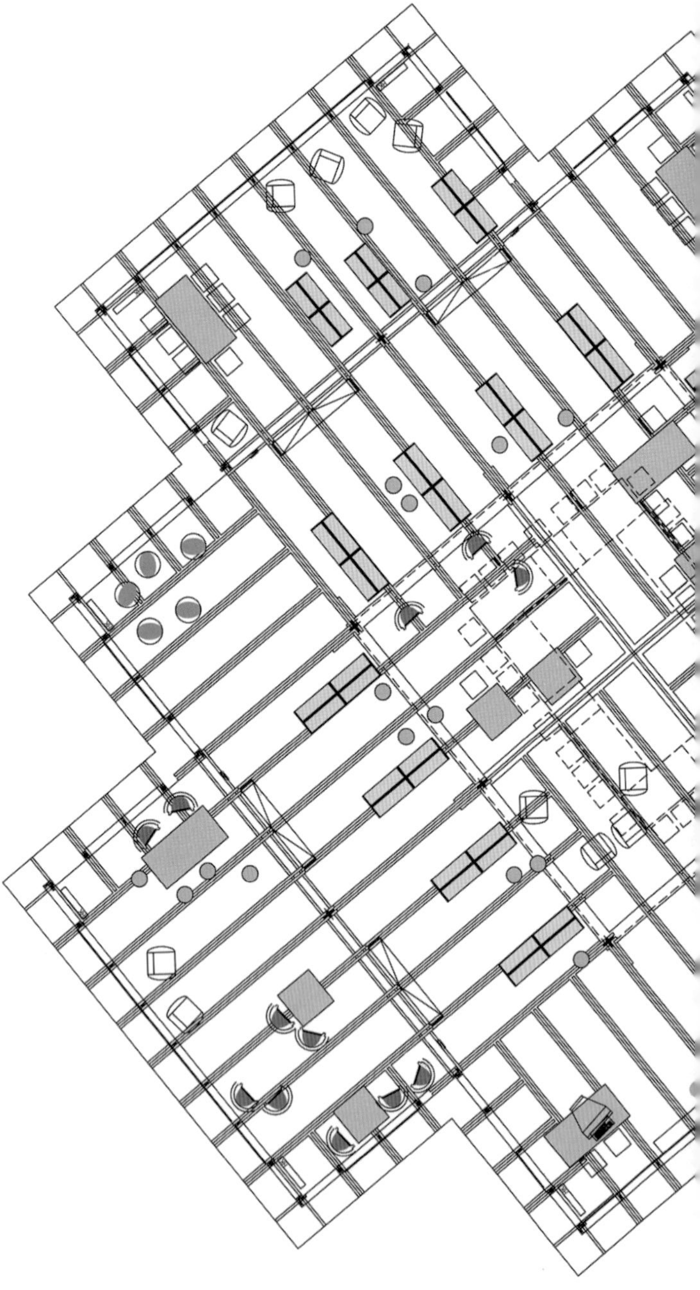

図書館、平面図

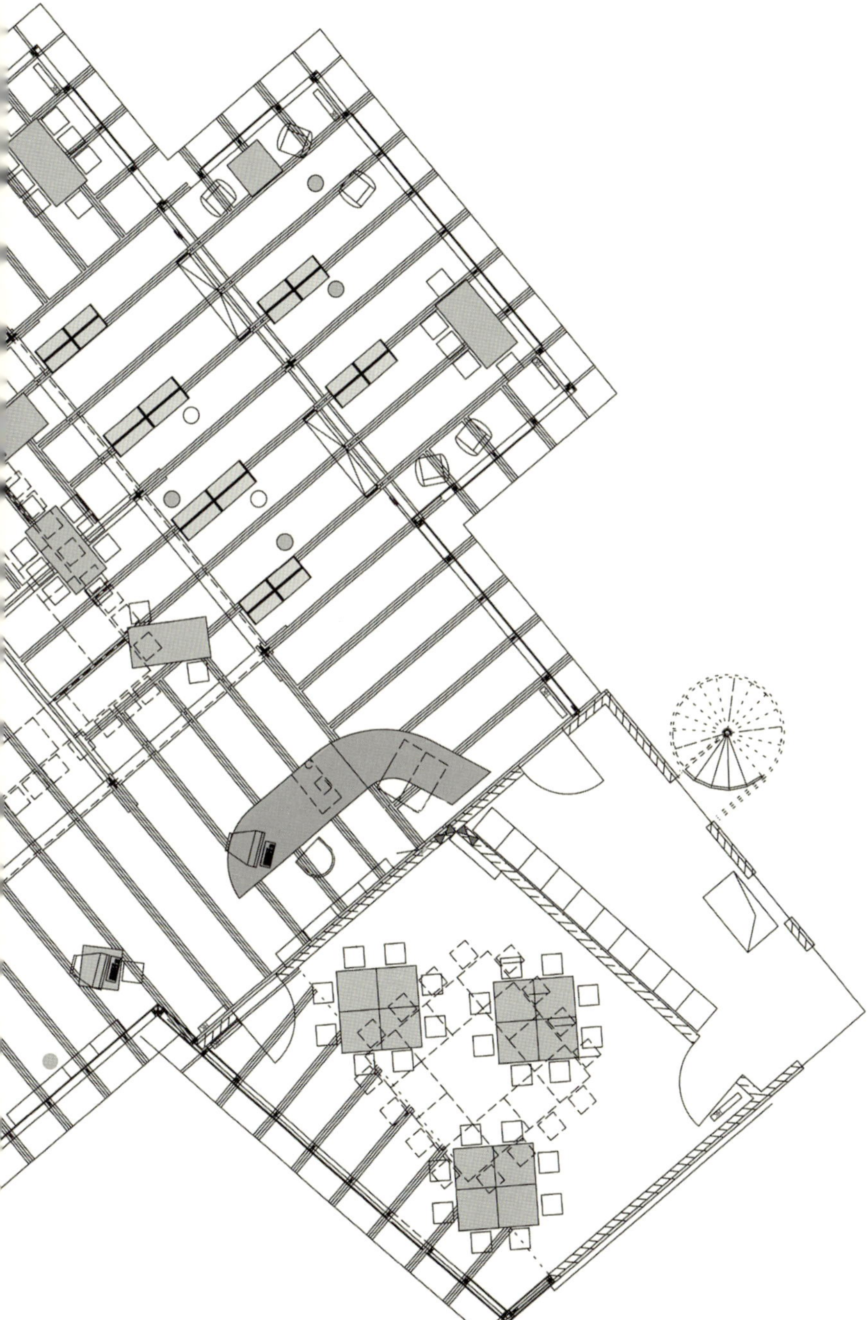

Chapel

チャペル

130–131

教会本部が1996年12月に学校を設立することを決定してから、この大きな建設事業が企画され、息をつく暇もないほどのスピードで実施された。

……建設段階で委員会に重い要求を認めてもらうことができるだろうか？　ここに、参加者として、ヒューブナー教授とチームの皆様に感謝申しあげたい。ヒューブナー教授と彼のチームは、学校建設の計画において何も苦とせず、学ぶ場としてとても感動的のみならず、同じく情緒的にも自分の場として生徒が感じられるような生活に関連する場として、何でも必要なものは提供してくださった。時間の制約があるのに仕事の要求はとても高いし、予算は2,000万マルクも削られたのに、しかしそれに合わせて手を抜くということを絶対しなかった。

生きている場をつくり上げるという主張に、チームはずっと誠実さを守り通した。費用節減は建設方法の変更と全体のプログラ

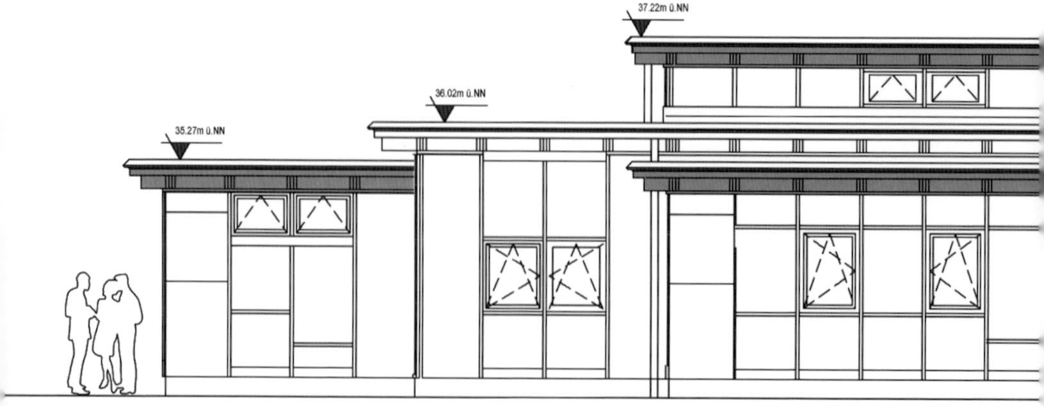

ムのなかでの些細な節約であり、それによってなんら品質が劣るということはなかった。ヒューブナー教授の提案、つまり生徒が計画づくりに参加することも、生徒の提案が型にはまらず自由に望みをもって計画することに伴い、時間も費用もかかるという問題が生じるにもかかわらず実現された。……この総合学校は学校建築としての新しい基準を設けたことのみならず、未来の建築のモデルを提供した。

結論として、この事業に責任あるすべての人々の決意によってスタミナを費やし、期待どおりの成果となったことを満足して報告する。未来の学校教育にふさわしい価値ある重要な要件となる中身を実現していくことが、これからの学校で行うことである。

フリッツ・ズンダーマイヤー
（ヴェストファリアプロテスタント教会学校協議会議長）

図書館とチャペル、東側立面図

Laboratory/Workshop

実験室／工房

中庭をもつ工房

実験室

134-135

工房

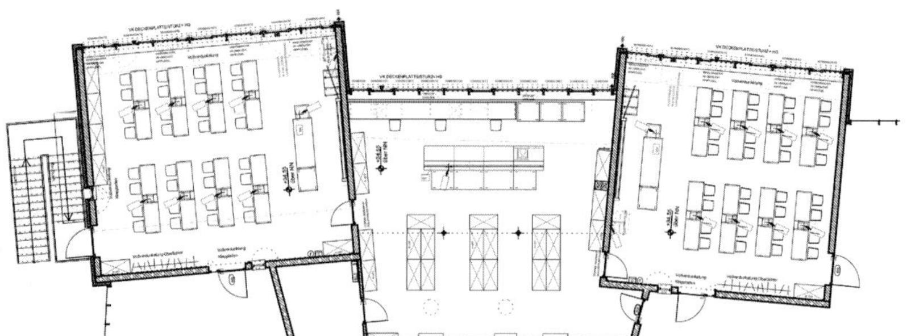

実験室、平面図

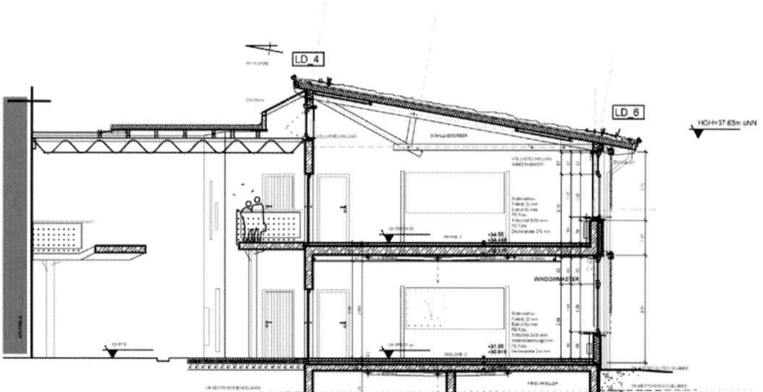

断面図

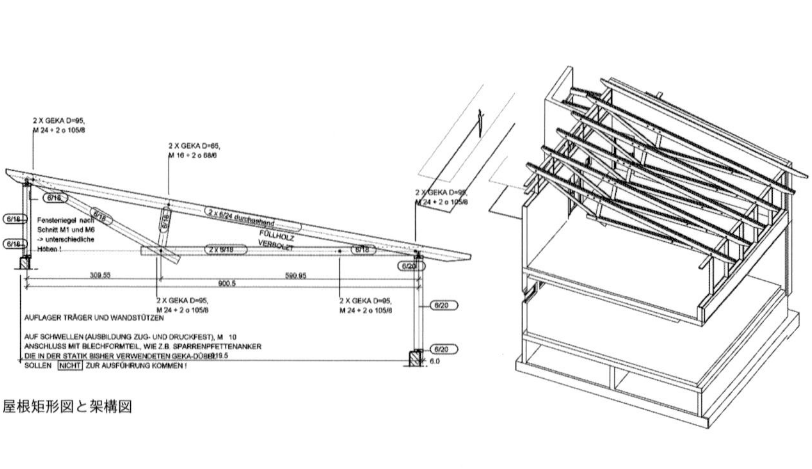

屋根矩形図と架構図

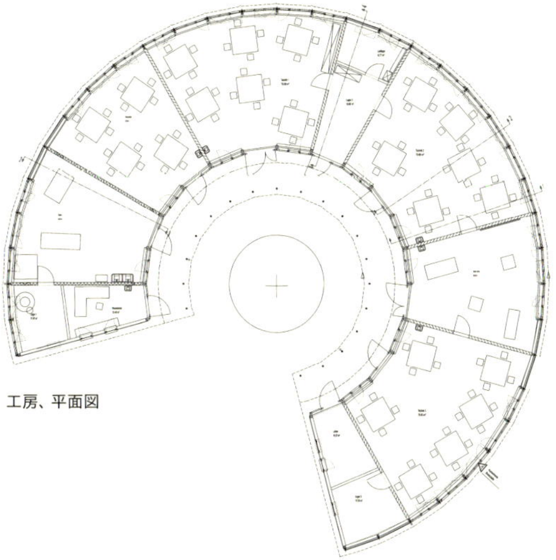

工房、平面図

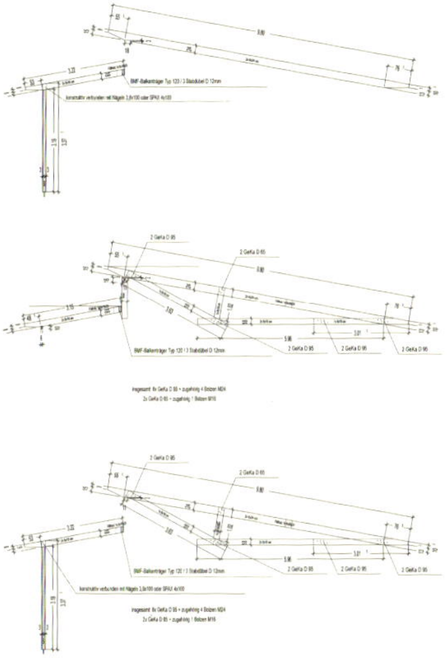

詳細

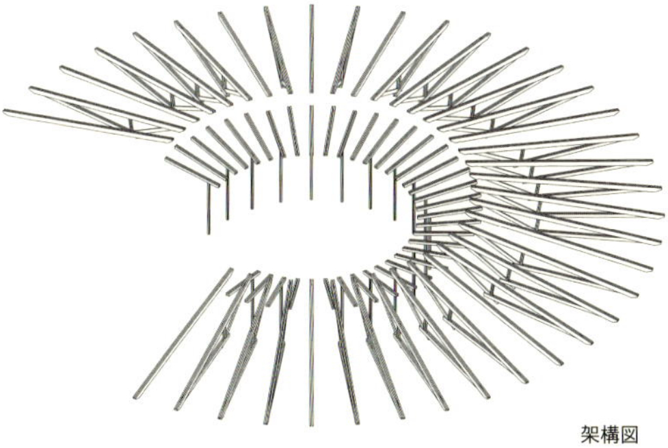

架構図

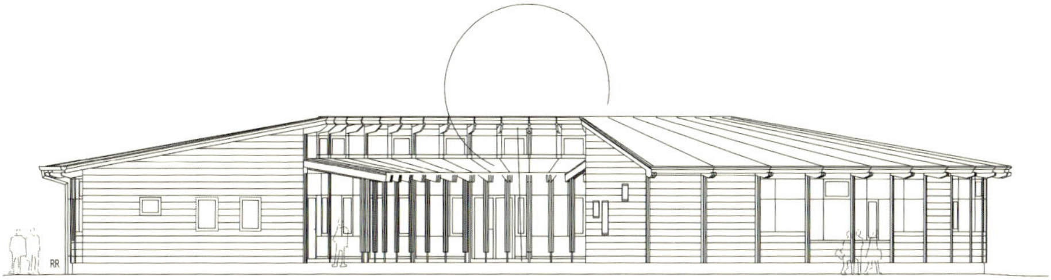

立面図

Studio/Cinema

スタジオ／映画館

138-139

学校の中の通り

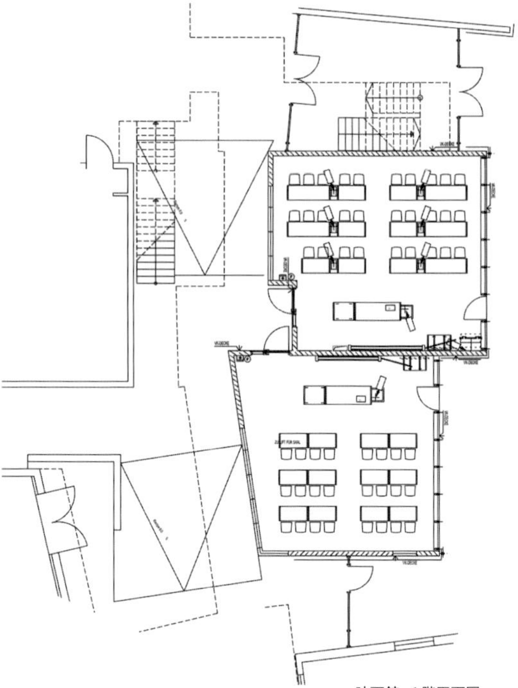

映画館、1階平面図

村に色を残して

ペーター・ヒューブナーは書簡に記している。そう、学校がいま、建てられようとしている、と。
「学校？」しかし、プランはむしろ都市開発のアイデアのように見える。廊下の代わりに通り、教室ではなく家、職員室ではなくて市役所。劇場や食堂もあり、実際の村のようだ。異なる事務所、建築家がそれぞれの建物に責任をもって建てる。だから、後に開かれたプロジェクト会議では、ふつうの中心的会議ではなく、むしろ、テーブルからテーブルへ動き回るように、建物から建物へと議論がなされた。

色は建物の構造と意図に適合するべきである。

私たちは利用と建物のかたちと色の間にハーモニーをつくりだしたかった。

それぞれの建物のタイプと機能を認識し、それを色の言語に翻訳し、個々の建物をたがいに評価しあい、色、材料、そして技術的な実現性についてはたがいに合意しなければならなかった。

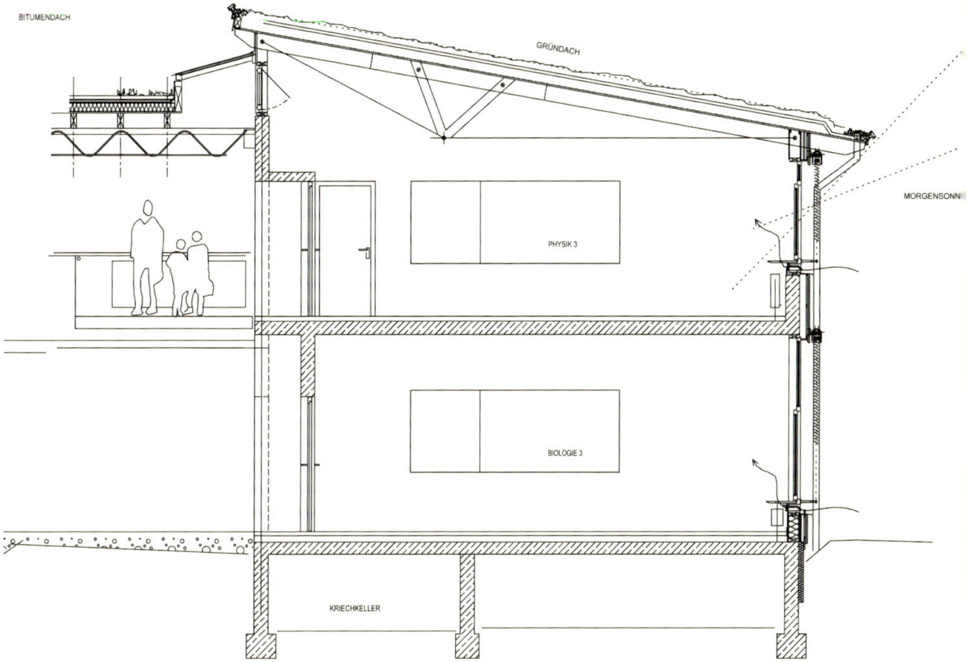

映画館、断面図

色は「フィット」しなければならない。

カラーデザインは、もしすべての建物の表面やボリュームが考慮に入れられないのならば、長い間、認められることはなかった。これが成功するならば、カラーは移りゆくファッションのテーマにはならなかっただろう。

たとえば、このことが意味するのは、たとえばファッション産業のために一時、黄色気味の赤がなくても、ここにはその色が「ある」ということだ。

同時に、色が響きあうことによって、多様性の中の調和を生み出すように、色の組み合わせが選び出される必要がある。

このようなことは表面的なやりかたでは実現できない。

建物全体がひとつの色で塗られていたなら、このような関係は十分にはできない。われわれの世界には審美的な面に関しての怠惰な態度があり、学校においてこれは致命的なことである。

（つづく）

Music/Inn

音楽室／わいわい食堂

音楽室

142-143

食堂

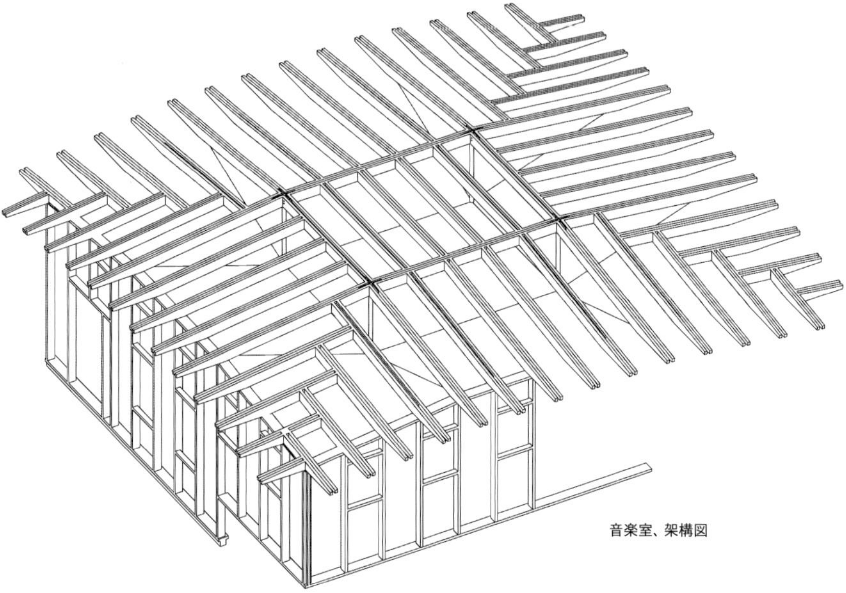

音楽室、架構図

どのように「自然に進化した」と色が見えるか、個人の要求に合致し、しかしまた「近隣」の信号を発して。具体的手段のモットーはすぐに見出だせる——基本的なムードとして、暖かく日が照っているなかの暖かい日陰、天気が悪いときは同様に、地中海の雰囲気。ゲルゼンキルヘンの色の南の村とその感じはコインの裏表である。

もし、色が建築の文脈で長い間続くようにするならば、つぎのことを考慮して色の基本的な質を保たなければならない……感情的空間の色の空間、「魂の空間」、そして感じは仕切りのない空間では保つことができない。自然にそれらが流れ出し、とどめることができないからだ。

アクセントとして除外的に特別な色を用いるのは劇的に色の自然さに対抗する。色は膨張するのだ！

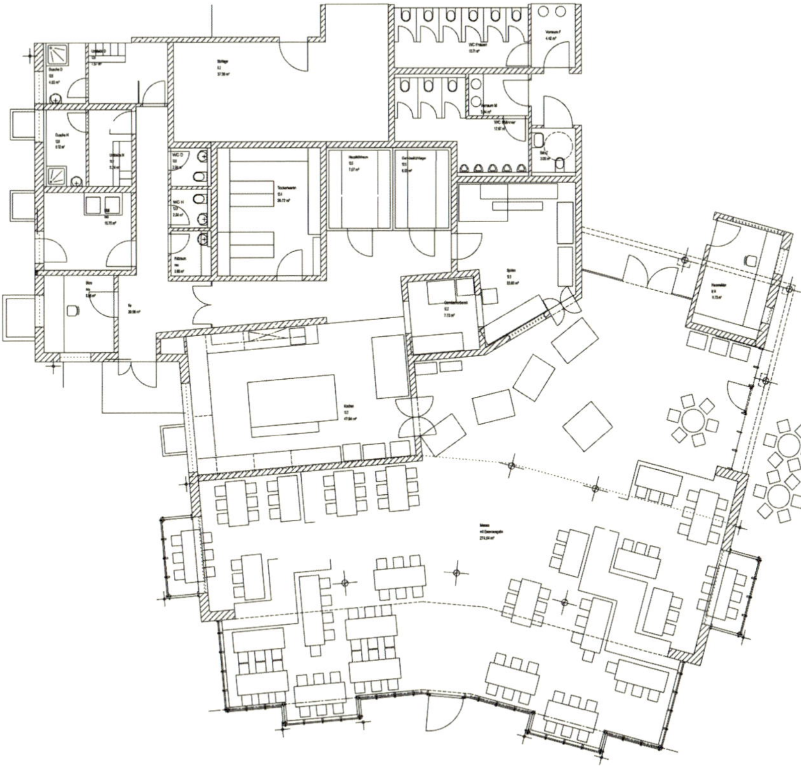

音楽室とわいわい食堂、平面図

青い空間は青いアクセントだけで青い空間にはならない！「青い空間」と考えてはいけない。しかし青く見えて青く感じるのだ。結果はなによりも自然で雰囲気によるのだ。

私たちは建築の色彩をなによりも動きにおいて経験する！ 色が塗られた表面を目がたどるように、人は皆、空間の中を動き、色を知覚する。したがってわれわれの日々の色を塗ることは額縁の中の構成と比べると何ら関心がもたれないが、環境そのものを色彩デザインとしても考えることの意義を示す。絵画の空間と三次元空間との間の区別はなくなりつつある。色を塗ることは時間と空間の体験になり、そして色を構成することは拡大して振り付けを意味するものとなっている。

（つづく）

Theater

劇場

146-147

講演するペーター・ヒューブナー

スタジオの内部

映画館から北へ、アトリエの方向を見る

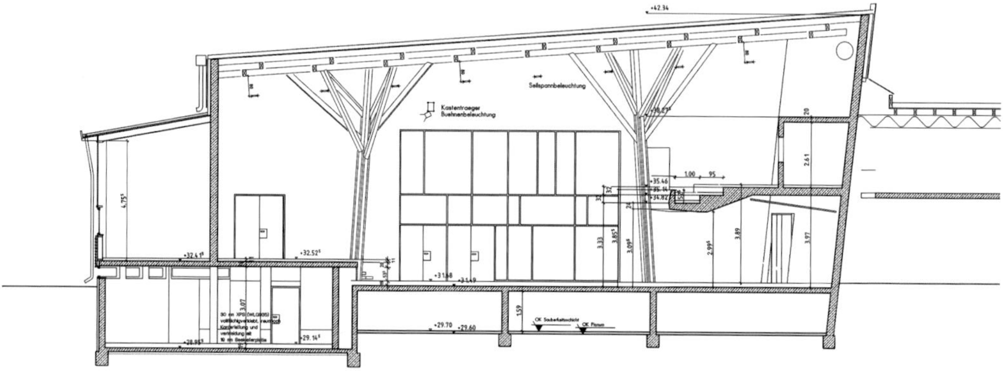

劇場、断面図

アクセントとポーズ、目立つものと控えめなもの、そしてまた素材の色がふつうによく使われているような色、たとえばシートカバーや、色タイルとして使われるような、またときには木の自然の色と対比して暖かい影を形成する色であったりする。チャペルはさまざまな宗教を信ずる人たちの祈祷の場である。教会代表との話し合いを重ねてエジプト人のイスラム教信者の絵描きの友人がチャペルを瞑想的で平和な緑色に塗ることに決まった。図書室に物理的に近いということは理にかなっている。緑色はこの複合的な建物で残されて使うのを避けてきた色で、それは周りの緑の植物でどこにでも見られるからからだ。黄色からオレンジにいきいきと色が変わるのは赤い建物に入る前に路地で見られる——赤い建物はタウンホール、そのように大事なところで、そして赤はとくに優れたものを示す大

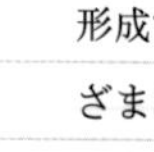
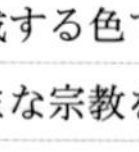

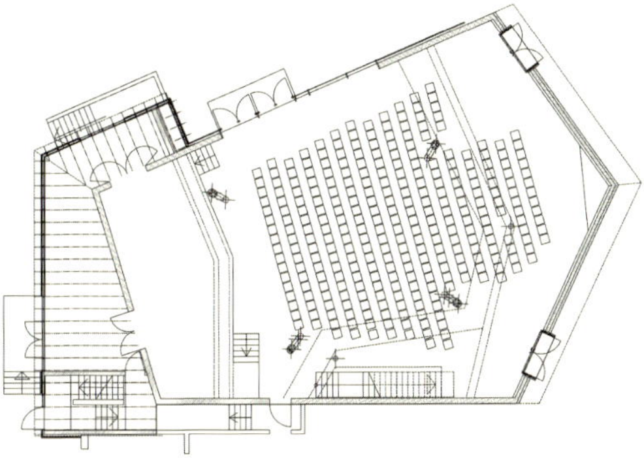

劇場、平面図

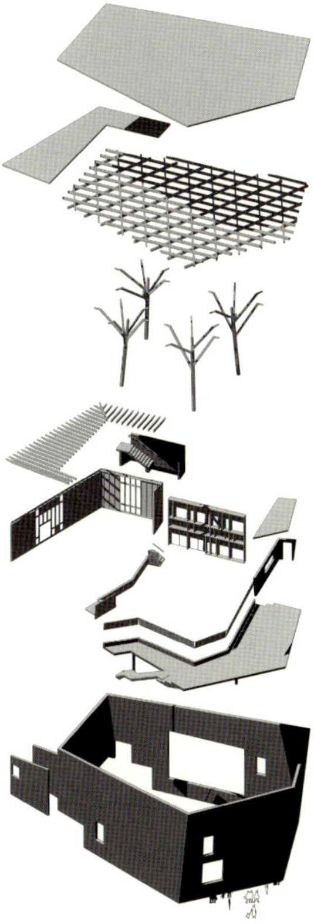

事な色である。建物の特徴はオープンで、目に見えて明らかである。反対に劇場の青さは劇的である。なかにはなにが待っているのだろう？ と期待させる。

私たちは歩きながら、このイメージをもち続ける。私たちは遠くから見るとこの色の刺激で惹きつけられ、違う空間へ入り込み、そこでしばらく時間を過ごすと、全体の印象が入ってきて、私たちの注意はなにか別なものに引き寄せられる。そこで色は要素の方向を操舵し、コントロールする役割をする。建物を歩いてまわることは色の物語ともなる。ぜひそれを、見つけに来てください。

（ハイナー・ニーハウス）

Market Place/ Town Hall

市場通り／市役所（職員室）

市場通り

150-151

9

サステナブルな学校づくり

ゲルゼンキルヘンの総合学校では、環境配慮の工夫がいろいろなところに盛り込まれている。人工照明を必要としない採光の窓の取り方、ソーラーパネル、集約型のルーフガーデンや粗放型の草屋根、断熱性の向上、排気煙突や空気流のフィンを利用した自然換気、地熱や水辺を利用した空気の冷暖房負荷の軽減、そして中庭の緑と堆肥づくり、さらに上級学校では古い建物の活用など、ありとあらゆる工夫がこの学校ではなされている。

ゲルゼンキルヘン総合学校のエネルギーのコンセプトには、つぎの点が考慮されている。

・化石燃料の利用を最小限にすること
・建物の機械装置は最小限にすること
・冷房の必要性を最小限にすること
・熱伝導と換気を最小限のロスにする、また同時に温度と見た目の快適さを活用すること
・エネルギーと資源の利用を最小限にすること

目標を達成するために、天然の熱源、たとえば太陽や、天然の冷却資源、たとえば土や夜間の冷気の利用をとくに考えてみるべきである。快適に使いやすいようにするための熱の貯蔵量はこの測り方で最大の効果で活性化された。いろいろな機能の建物の部分と換気のための這うような地下貯蔵室とを結びつけることによって、コストはさらに小さくなった。

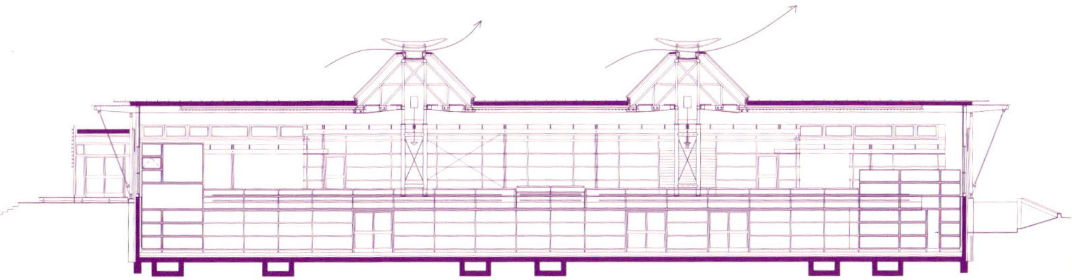

長手方向の断面図

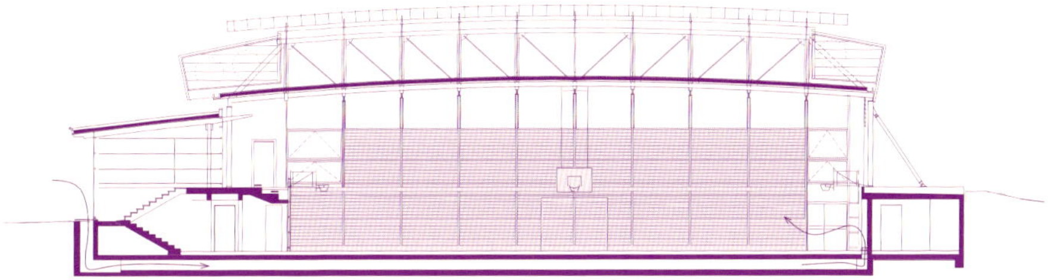

断面図

スポーツホール

スポーツホールは天井に組み込まれた輻射ラジエータープレート（熱交換器）で暖房される。その熱の出力は床暖房とは違い、すぐに変えられるようになっている。各部屋の利用状況と温度需要に対応して、天井の輻射暖房は、すばやく操作できるので床暖房よりも好まれる。新鮮な空気が地下のダクトで暖められる。ホールの３分の１ごとにふたつの地下ダクトがあり、それぞれのダクトは長さ30ｍ。地下のダクトを通って暖められた新鮮な空気は、ホールに入る前にふつう再び暖められる。部屋の空気の換気は交換器を通って、ホールとの間を区切っている壁に分けて行われる。それゆえに部屋を変えてホールから先に温められた新鮮な空気を供給することになる。

夏には同様に地下のダクトから換気する。空気は土と熱交換器を通して５度ほど冷やされて供給される。交換の窓は新鮮な空気をホールから更衣室に運び、そこでは窓を通して外につながる。ホールの過重な熱を避けるために、窓と天窓は必要に応じて開くようになっている。

156-157

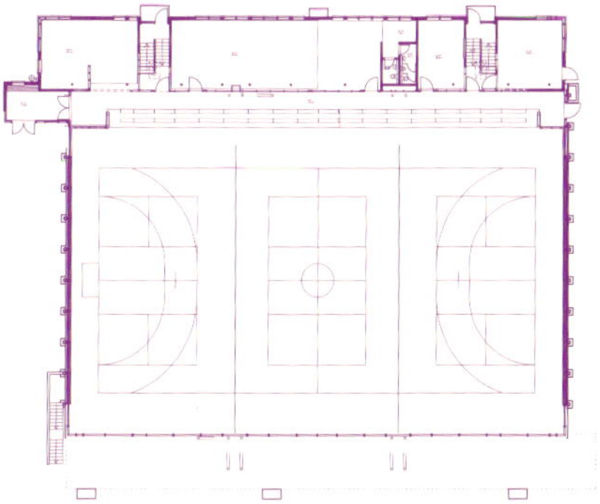

地上階　レベル1（2階）

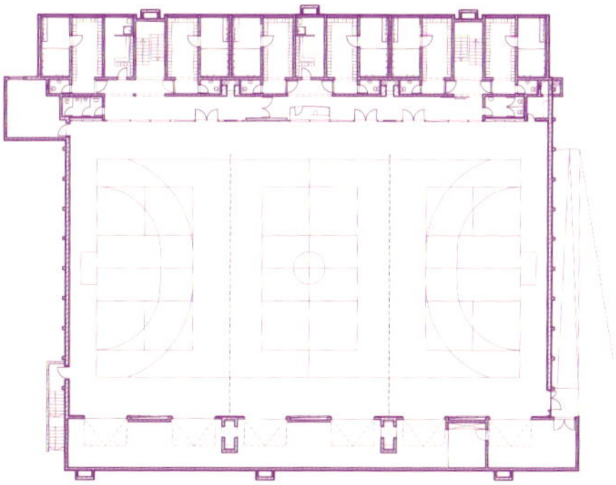

地上階　レベル0（1階）

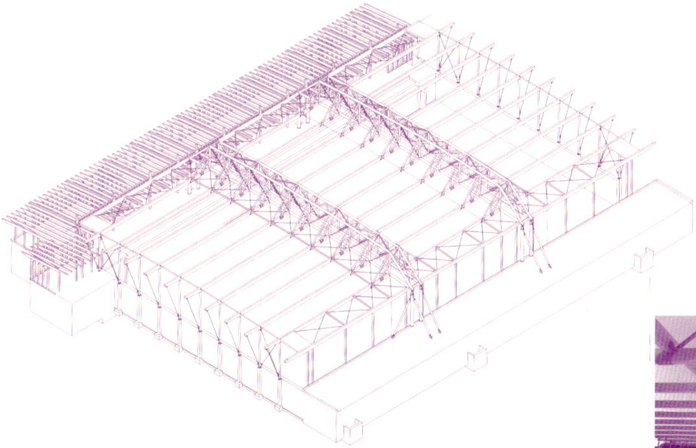

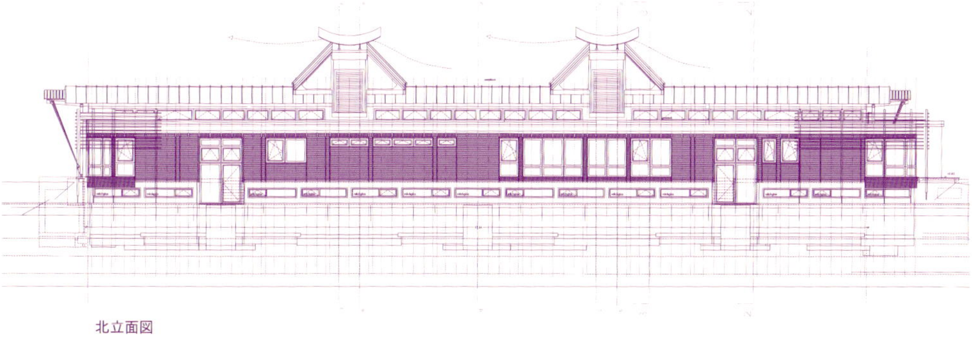

北立面図

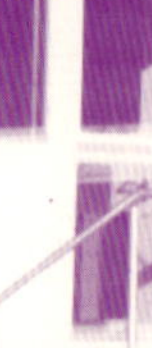

158-159

間仕切り壁の上の空気の流れを利用した換気開口部

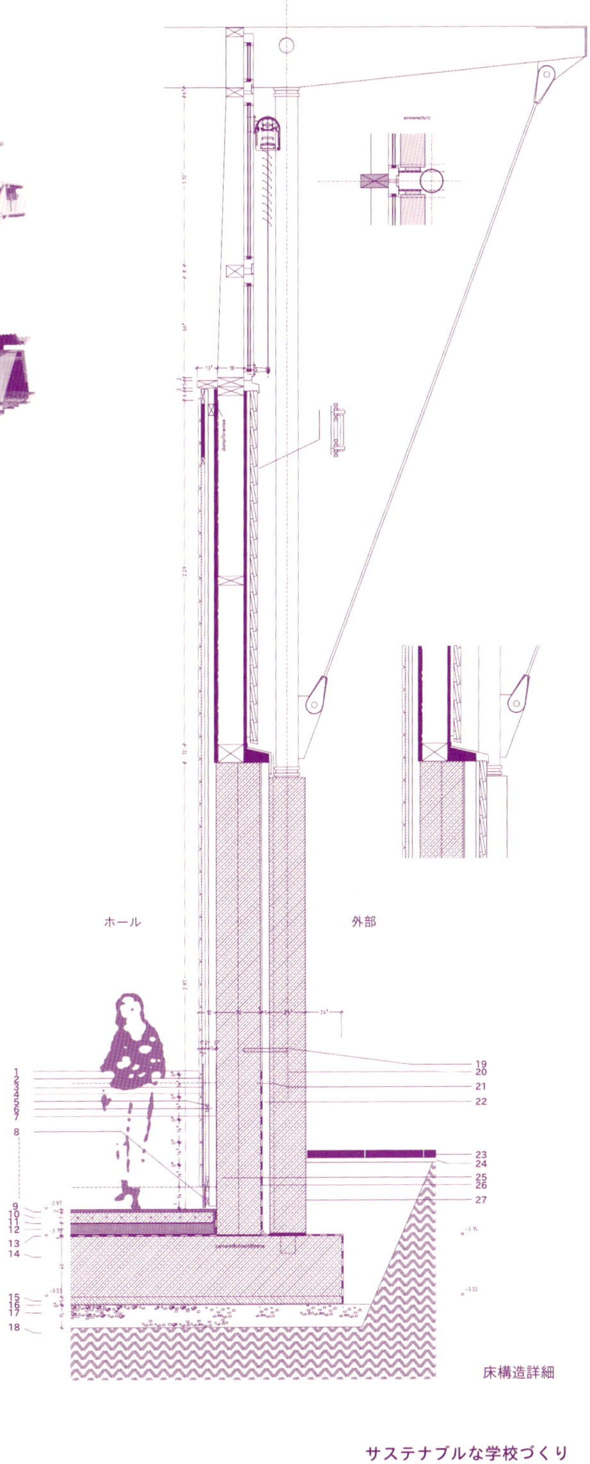

1：パネル被膜 19/142mm
2：小舞 24/148mm
3：フリース 黒パラテックス
4：スタイロフォーム
5：小舞 24/48mm
6：下地 50/70 厚高さ調整
7：均し
8：幅木シラカバ合板 160/19mm
9：スポーツ床
10：70mm 補強セメント
11：フォイルカバー
12：80mm ps-20-se din 18164 wd 040
13：フォイル充填 v60s4
14：床板 コンクリート 40cm
15：小手塗り
16：フォイルカバー
17：セラミック 管等砕片
18：地盤
19：2つの受け d=25 ピッチ ok 支持板の下
20：コンクリート支持 仕上げタイル
21：固定ピン
22：xps wlg 030 50mm
23：芝ブロック
24：下地
25：コンクリート壁 30cm
26：充填
27：瀝青塗装

床構造詳細

専門家の教室、学校通り

専門家の教室は開閉可能な天窓を通して換気される。学校通りへの直接の換気は教室で蓄積された熱が学校通りを暖房することを意味する。外部のファサードの天窓と通り側の天窓は、夏は開放して夜の冷気を取り込むようにされている。さらに地下ダクトで冷やされた空気が通りを冷やすように使われる利点もある（最大５度ほど）。

集会ホール

地下ダクトと排気口は重要な自然換気の要素である。外と中の空気の十分な温度差があり、最大80人の人がホールにいれば、排気のための煙突が必要に応じて換気する。必要な空気流量は最適フラップシステムを使用することによって調整される。ホールにより多くの人がいれば換気ユニットはより強く稼動する。広いアングルのノズルを通って空気が送り込まれる。

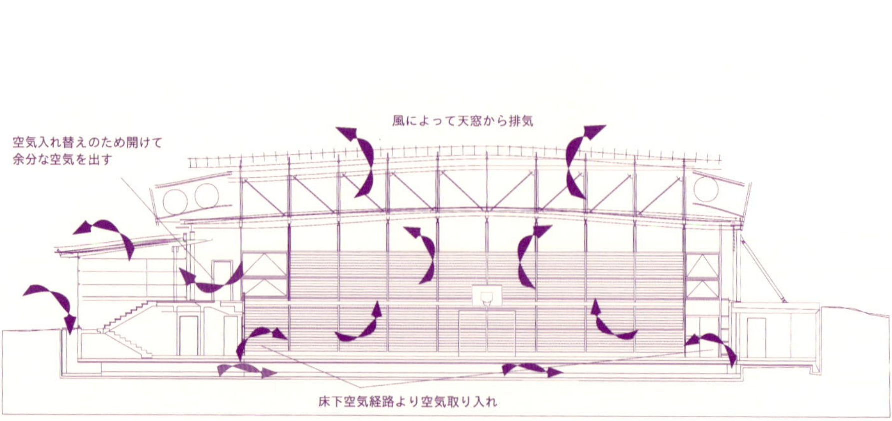

スポーツホール

間仕切り壁の上の空気の流れを利用した換気開口部

集会ホールの排気煙突

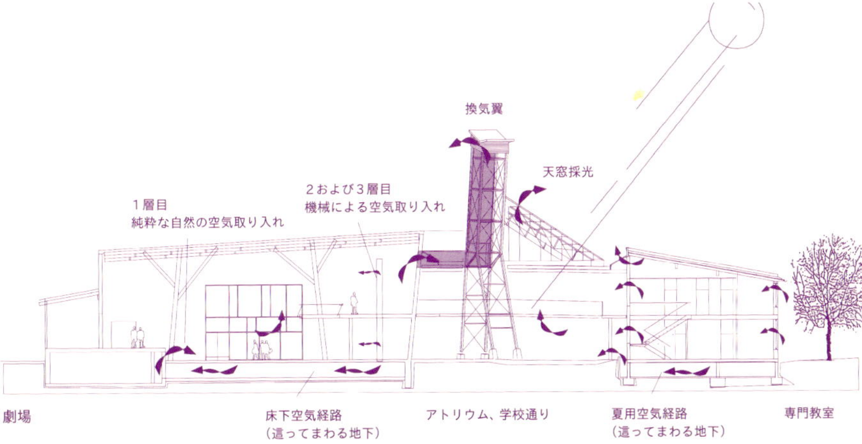

古い建物の活用

この建物は古くは工場地域のレクリエーションセンターだった。その建物を学校建築のプロジェクトがはじまった1994～95年に、壁を塗り替えるなどの簡易な修復を行って、暫定的なクラスルームの場所として再利用した。生徒たちは1998年より順に、新しく入る自分たちの教室棟の計画、設計に関わり、建設に携わっていった。

このような古い建物の暫定利用をイン・ビトウィーン・ユース（in between use）と言ったりもし、ドイツはじめヨーロッパには普通にみられる。石造りと木造の文化の差や、よく新車を買い替える日本と車を長く使う国との比較にたとえられるが、それだけではない思考がある点をここに注記しておきたい。

日本では土地を更地にしたほうが売りやすいという不動産取引の固定観念があるようだ。除却費用の負担の問題や、古い建物があると敷地に自由に建てる障害となったり、まっさらな敷地のほうが見た目によく、売りやすいという判断もあろう。さらに固定資産税の問題もある。それゆえ、従前の施設が廃止となると年数の経っている建物はすぐに除却されるということがよく起こる。それは莫大な建築廃棄物の排出につながる。また空地となった土地も売れるまでなにも使われないままフェンスで囲われて数年、長いので数十年というのもある。

石造にかぎらず、コンクリート造であまり歴史的価値のない建物でもヨーロッパは適当に手を入れて使っていこうとする。工場の建物でも工場が廃止となったら、暫定的にでもすぐに貸し出され、新しい用途に使っていこうとする。使い手が壁を塗ったり、自分たちでインテリアを創って行くと

元レクリエーションセンターの建物

改装して校舎に暫定利用された

いう、それこそ石造り文化の居住意識が働いて、中を思い思いに時間をかけてつくっていく。このような古い建物利用は、環境問題が深刻な今日、建築廃棄物をできるだけ出さないという点からも盛んに行われるようになっている。さらに加えて、地域の歴史的文脈の継続性を大事にして、地域のアイデンティティを明確にしていきたいという意志も働いていることがわかる。

新しい学校が竣工するまで古い建物が使われるということは、日本でも見られないわけではない。ただ、このゲルゼンキルヘンでは一度に教室棟ができあがったわけではなく、毎年新入生がここをベースに新しい自分たちのクラスルームを設計して建設作業を行う"基地"として6年間ずっと使われたという点が特徴的なことである。

すべての教室棟ができあがった2004年に再度、この古い建物は上級学校として修繕され、また生徒たちが関わった。とくにレクリエーションセンター時代から利用されていた体育館の地階のプールは生徒たちが改造案を考えて、カフェとして生まれ変わった。タイル貼りの、元は水が満ちていたプール部分はダンスフロアとして生まれ変わり、シャワー等の蛇口が並んでいたところには椅子が置かれている。照明からサインまですべて生徒たちが考えたという。

すでに教室棟の設計から建設の経験を積んでいた生徒も含み、上級学校に新しく転入してきたその経験のない生徒も含めて、新しい上級学校の生徒間の人間関係形成にもこのプロジェクトは役立った。さらに、この生徒たちのレジャー施設も含めて、スポーツクラブ、コンサート、地域のお祭りなどさまざまに使われている。

（木下 勇）

プールをカフェに改装して地域に開放した

プールにあった蛇口も

ゲルゼンキルヘン・ビスマルク総合学校における教育活動 ――目標に向けての困難な道のり

Educational work at the Protestant Comprehensive School (EGG) — difficult pathways to rewarding goals

ヘラルド・レーマン校長
Harald Lehmann, headmaster

1980年代、ヴェストプファリア・プロテスタント教会の教会会議が総合学校を建設することを決定したとき、課題として多くの希望と欲求が一緒になって枠組みが設けられ、1987年に建設が始まった際、礎石に記録された。それはつぎのようなものである。

「ヴェストプファリア・プロテスタント教会は、総合学校を設立するにあたり、とくに再開発の必要な地区に希望の旗印を掲げて今日の緊急な問題に対してどう対処したらよいか、若者が取り組むことを支援したいと考えた。このために学校の教育活動はつぎの3点に焦点をあてている。

1　学校はさまざまな国から来て、さまざまな宗教を信じている若者が実際に一緒に暮らせるようにする、皆が集まる場所であるべきだ。

2　学校は人類に任されている、いろいろな生物に配慮するように、若者たちが学ぶエコロジカルな場所であるべきだ。

3　学校は地域に開かれた「文化センター」となるべきだ。

開校して7年後、上級（高等）学校の進学講習が始まってから、なにが達成されたかというこれまでの成果とこれからの課題をとりあげ、目的に新しい視点を取り入れて、これからなにをしたらよいか、その条件を明確にするときである。

10年前、プロテスタント総合学校の設立は決して明確ではなかった――教会の援助で学校を設立するのに反対する人もいた。総合学校の考え方に反対する者もいた――しかし、最近では、ゲルゼンキルヘンのまちの範囲を超えてよく理解されるようになった。数多くの場所の活用が生徒自身から申し込まれている。いまやふたつの、いやそれ以上の多様な使い方が見られる。これは2004年9月に上級学校が始まってスタートした11年生にも見られた。この建築と生徒が参加した原則は（シュピーゲルやBILDなど新聞、雑誌、いろいろなテレビ局の放送の）ジャーナリストをひきつけたのと同様にドイツ内外の建築と教育の専門家たちをひきつけた。

他の学校と同様に、学校教育の活動はわれわれの毎日の仕事の中心である。ときに初期の幸福感は実際の仕事にとって替えら

れるが——スタッフはいわゆるFELSコンセプトを実践してむしろ喜んで行っている——それはつぎの言葉をとって頭文字をつなげたものである（訳注：FELSそれ自体ドイツ語で「岩」を意味する）：

F 「家族の学校（Family School）」として、EGGは家庭と競争するつもりはないが、家族のような雰囲気をつくり、こどもや若者が「家にいる」ように感じることができる。

E 「教育の学校（Educational School）」として文化を見過ごすことなく、知識を身につけることにおとらず、真剣に個性を磨く。

L 「生活の学校（Life school）」というコンセプトは、毎日の学習プログラムの部分として音楽、演劇、工作、スポーツ、遊びと毎年のクラスの旅行を含めたものである。

S 最後に学校はゲルゼンキルヘンのビスマルク地区の環境とともにいろいろな方法で連携して、とくに「地区の学校（School for the quarter）」として認識される。

いくつかの賞に輝いた独創的な建築はこのコンセプトを実践するのに適した、よい条件を提供している。メインの建物は、図書館、ホール、食堂、魅力的な実験室、学校というよりカフェのように吹き抜けに樹木が植えられたアトリウムなどを豊かに備え、教室の建物はそれぞれ2階建ての高さで、空間が豊かにあり、各クラスに専用の庭を備え、それぞれにトイレや洗面所などの施設がある。それらは多くの人がわれわれをうらやむ要因である。

ゲルゼンキルヘンの、また学校の周りの地域の人々の生活に変化を与えたことを見ると、ものごとはいろいろ違って見えてくる。とくにここ数年の間には。過去40年の間に、ビスマルク地区は25,000人の人口があったのが7,000人も減少した。近隣のシャルケーノルド地区とともに8,000人以上が無残にも職を失った。以前は最大の雇用先であった炭鉱会社が90年代半ばに閉じてから、このかなりの規模の社会的大変動が起こった。失業率は高く、多くのEGGの生徒が質素な環境で過ごすか、社会的生活保護を受けている家から来ている。

またこの地区は移民のこどもの割合が高く、多くがトルコ民族である。そしてまた多くがゲルゼンキルヘンに住み着いてからの第二世代か第三世代である。学校できちんと学び、それによって生活がよくなるという見込みがあっても、実際には学校以外の普段の（トルコ語によって支配されてい

る）生活によって制約されている。2000年には、ゲルゼンキルヘンのこのトルコ系のこどもたちの人口の35%が、卒業の資格を得ないで学校を終えていた。その数字は連邦の平均よりはるかに高いものであった。EGGの主目的のひとつはこの数字を上げることであるが――バランスも大事で、そのためにまだやるべきことが多くある。

EGGでいろいろな宗教や国籍のこどもが一緒に生活し、学ぶことを認識しているからには、われわれの主な関心事のひとつには、インターカルチャー（異文化）の学習の領域である。生徒の20%以上がもともとのトルコ系であり、彼らの多くがイスラム教である。このため、学校全体のなかで重要な場所を宗教的な次元が占めるように、タイムテーブルではイスラム教の教えによって生活している。ゲルゼンキルヘンとヴァッテンシャイド地区の教会から派遣された学校の事務職員はEGGで毎日の一部を生活し、学校の牧師として兼務している。彼は学校の生徒のキリスト教信者だけに責任を感じるのではなく、まちや地区のイスラム教の信者たちともコンタクトをしようとしている。

もっとも大きな課題のひとつは、他の学校と比較しても同じルールで行う総合学校としての要求と同時に、将来の地域の再生に導く改革を主導していくことである。そのいくつかは以下に述べることである。

クラスのふたりの担任（ふつうには男女）はできるだけ可能なかぎりずっと彼らのクラスと一緒にいる。最初の半年間が過ぎた最後には、ふつうに行われるグレード（能力の段階評価）の通知表は書かないで、手紙形式で学習の方法について通知する。このようにして学習過程でのフィードバックをていねいに行いながら、認識できる学習の成果を主とした伝統的な評価とを組みあわせている。応答できるということは生徒と保護者を同じく報告しあうプロセスに引き入れることでもある。

プロジェクト先導の活動は内外の専門教育分野において自律した学習を促している。毎年行う数日間のクラス旅行は視野を広げ、社会体験と中身の濃い社会学習の機会を与え、特別な課題についての知識におとらず重要なものとなっている。8年生では、全生徒が数日間にわたって英国を旅行し、最初の外国語をその場所場所で試して、他のヨーロッパの国とその文化を知ることになっている。クラスの庭についての学習では、こどもたちは同時に自分たちが住んでいるまわりの環境に責任をもつことを学び、エコロジーを実践する経験をしている。

われわれはすべてのこどもたちに、それぞれ異なる才能や能力にもとづく最大の可能性を与えたいととくに願っている。さまざまな特別科目の分野と同じように、専門家学習グループは広い範囲にわたっている。7年生、9年生の年には、生徒は好みに応じて、たとえば外国語か、または理科か、専門を深めた追加の必修科目を選択する。5年生にはふたつの音楽のクラスが2004/

2005年度にはじめて行われた。そこでは約30人のこどもがゲルゼンキルヘン音楽学校とともに風を使った楽器を使い、2年間の集中したコースを受けた。EGGビッグバンドがこの可能性をさらに広げていくことだろう。

同時に、だれひとりとして学習過程から「おちこぼれる」ようなことがあってはならないという見地から、サポートの考え方を実践している。学習が足らないとわかると、長期——または短期間の補講指導によって追いつくようにしている。

教育の学校であるという考え方に信託されているので、あらゆる障害を最小限にして、いかにこどもたちがコミュニティで建設的に行動するかを示してもいる。これ以上、クラスの学習についていけないという生徒がしばらくの間、ケアを受けて、行動や結果についてどうなるか検討する機会をもつ、いわゆるトレーニングルームがある。

2004年後半に設置された上級学校の「カフェ」は個人の主体性を発揮させ、家庭のような雰囲気をつくる好例だ。ラール通り（Lahrstrasse）の古い学校の建物が接収されたとき、EGGはまた、用途が他に変わったスイミングプールの活用することを主張した。生徒たちは計画グループを設置し、教師の援助を得ながら、自分たちで組織したレジャーの場をつくった。そう、カフェは独特の雰囲気と古いタイルが磨かれてこどもたちが一日中過ごす学校に適したレジャーの施設になっている。

一般にゲルゼンキルヘン地区では、スポーツクラブは体育施設の利用やさまざまなグループを提供し、また毎年の「クラフトフェア」という学校と一緒になった地域の催しが開かれ、経験者が密度の濃い指導を行ってくれる。EGGの部屋は一般に開かれたイベントの舞台ともなる。ドイツ国内から400人が参加する大きな会議からコンサート、またはサポーターグループによる土曜朝の朝食会などに使われる。

およそ総合学校とは、ビスマルク地区の不安な海のなかの孤島のような存在のように想像することはできず、知識を分け与えるのみでなく学校教育から期待する希望の印の施設である。この点に関して、ヴェストプヴァリア・プロテスタント教会は学校を建設する勇気ある決定で未来へつながる道の価値ある印を築いたといえる。これは実際に学校教育に関わる者であると同時に学校での催しの主体でもあるということである。私たちはすべての問題を解決できるわけではなく、ときに期待する以上にできないことがらもある。試みたけれど、またうまくいかないこともあるが、実現できるものもある。

その道はたとえ難しくても、生活と学習のレベルを上げるという目標はあらゆる努力が無駄にならないほどのものである。

こどもたちがつくったサイン

ツリーハウス・オーデンヴァルド学校／オーバーハムバッハ

10

生きる力・学ぶ力を養う「家」として学校をデザインする

Design schools as powerhouses!

ペーター・ヒューブナー
Peter Hübner

シュタイナー学校／ケルン、コールヴァイラー

小学校（４年間の基礎学校）／シュツットガルト、スタムハイム

こどもは最初の先生

学校とは、ヘルムート・フォン・ヘンティク（Hartmut von Hentig）が「新しい考え方としての学校」で述べたように、提供されたある教えや、または建物そのものをデザインすることを通して、学ぶ力、生きる力を養う場であるべきだ。ライナー・ヴィンクル（Rainer Winkel）が必要としたように、特別なカリスマ性をそなえて、学びや生活そのものを楽しんで肯定的な影響を与える場である。(文献１)

誰もが知っているように、建物や街には人の心を魅了する、印象的で刺激的な場所がある。クリストファー・アレグザンダーはこのようなことがらを研究し、本『パタン・ランゲージ』（訳書は1977年、邦訳1984年、鹿島出版会）にまとめた。建築家と同様に、教育者も読むに値する本である。(2)

スウェーデンの諺では「こどもは最初の先生で、教師は２番目の先生、そして３番目の先生は学校だ」という。言い換えれば、学校はこどもが（生き・学ぶ）力を養う場である。よく叱られるこどもはその性格によるものではない。彼らは生まれながらにして発見者や発明者であり、そしてパブロ・ピカソが言うように、みんなアーティストである。しかし大人になってもこどもの心を持つことは難しい。教師になると見方も変わる。フォン・ヘンティク が指摘したように、学校で問題なのはこどもではなく教師である。そして学校建築については最も悲惨な状況である。時々、それらにプロシアの教育制度の精神を感じることもある。また世界の建築雑誌で紹介された最新のスイスの学校を見ると、この世の最後にカルバン派が復讐を行ったかのような感じを抱かざるを得ない。

ハインリッヒ・ツィレ（Heinrich Zille）は1870年代初期の借地の建設区画について次のように言っていた。建物に言葉を埋め込むことによって、人を斧で殺すがごとく、住宅で殺すことができる。それは一世紀後に、アレクサンダー・ミッチェルリッヒ（Alexander Mitscherlich）が広い文脈

でわれわれの都市の無愛想さを訴えたこととも通じる。人間動物行動学者、たとえばコンラッド･ローレンツの弟子のベルナド･ロッチュ（Bernd Lötsch）, ヘルマン・シーフェンヘーフェル（Herrmann Schievenhöfel）とエイブル・アイブルスフェルド（Eibl-Eiblsfeld）らが発見したことは、すなわち人は心理的に、社会的にそして同様に物理的な幸福のために家を必要とするということである。裸のサルとして、人は衣服や家なくして不利な環境では生きていけないゆえに、家そのものから学ばなければならない。人はそのように内面的に家から吸収し、小さいこどもでも本能的に自分を守る殻をつくりだす。洞穴や巣はわれわれの生活を通してこのような保護や避難の場の象徴的なものである。

自力建設で行った青少年のための施設

人は家を必要とし、同時に家を建てることができる。自分で行う家づくりは基本的な要求であり､「自分自身で」を強調しながらも基本的能力である。建築プロセスへの人々の参加は、後に住宅を受け容れるときに、また四隅の壁で囲われた空間のアイデンティティ確立のためにも決定的に重大なことがらである。このことは多くの世帯の住居を建設している時、そして特別に学校や青少年施設の場合に、結果としてユーザーが計画や建設プロセスに参加している時に経験していることである。何よりも、建物の物的環境づくりへの参加は技術的問題ではなく、社会的プロセスであると。何千年も、建物は社会的コミュニティの過程であり、近隣の扶助と通過儀礼であり、社会とつながり、そして伝統的実践であった。

青少年のための施設として８つの建物を建てた。そしてこれらはセルフヘルプ（自助）活動によって大きくなり、ピーター・ブランデル・ジョーンズ（Peter Blundell Jones）がじつにいきいきと、かつ専門的にわれわれの仕事について書いた本で述べたように、『Building as a Social Process（社会プロセスとしての建築）』である。それは建物が愛されて、アフターケアがなされ、そしてなにも破壊行為が行われないことに表れている。(3)

私たちはまず先に、この理由は青少年が直接に建設プロセスに参加したからと考えた。そして実際にこれらの建設に従事した者は自分たちがつくったものを守る意識をもつ。しかしこの理論は建物が古くなるにつれて、年を追うごとに信頼性が薄れてくる。まだ手をつけられていないままで残り、若いビルダーたちは地上の四隅に消えていってしまうように。しかし、若いユーザーたちは、その時に生まれていなくても、自分たちの寝る場所をつくったと言う。だから、建物を守るのは建設に関わった者では

文献
(1) Rainer Winkel, Theorie und Praxis der Schule, Oder, Schulreform konkret im Haus des Lebens und Lernens,Schneider Verlag, Hohengehren 1997
(2) Christopher Alexander, Eine Mustersprache (A Pattern Language)
(3) Werkmonografie, Peter Blundell Jones, Peter Hübner, Building as a social process, Bauen als ein sozialer Prozess, Edition Axel Menges 2006

シュタイナー学校／ケルン、コールヴァイラー

172-173

なく、建物そのものである。それがつくられたユニークな方法が広まり、特別なカリスマ性を通して、またそれがどのように計り知れない努力によって実現したかという物語によってできるものである。

人々に愛される建物というのはアイデンティティと個人的な愛着があるもので、なんともいえない統一性があるものだ。服装に比べると、まさに総合的なもので、どちらも本当の自分らしさと魅力を導くものだ。もし家がまったく保護する屋根をもたず、個人や集団が生活できる空間をつくるなら、それらは複雑な方法によるか、またはヘルマン・シーフェンヘーフェルが発見したように、家はまったく技術的かつ知的に建設されたものではなく、幅広く情緒的かつ社会的要求に沿うものでなければならない。

1983～1992年の期間にセルフヘルプの精神で青少年の建物が実現した後で、我々のプロジェクトはさらに複雑かつ大きなものとなってきた。つまり義務的な参加が減り、特に学校のケースなど、計画過程の参加が増えてきた。ヘッペンハイム（Heppenheim）の近くのオーデヴァルド（Odenwald）学校のツリーハウス（８学年生に２年間で建設）の時にも、セルフヘルププロジェクトとして実際に認められたものだが、青少年のための建物を青少年とともに建設した方法は学校にも直接応用できるということが明らかとなった。このやりかたは、ゲルゼンキルヘン・ビスマルクの総合学校について本書で説明したとおりである。

どの住宅にも少なくともひとつはプライベートな部屋があり、その部屋は少なくとも８m^2は必要である。そして第二に社会的接触のための部屋である居間が必要である。８m^2というのは狭くて信じられないくらいと思われるだろうが、これは人がたがいに個人的接触ができるちょうどよい広さである。だれもが付随的にこのことを知る。居間は年をとってくるとだれもいなくなってくる。台所はいつもいっぱいで最後には窮屈なホールでの応対がずっと続くかのようだ。

居住者はだれもが住宅に愛着をもっている、そして計画や建設の過程に参加したらもっと愛着を感じるだろう。水や植物の近くに住むことは水辺の生き物で緑の地球（フィトフィリア：phytophilia）を愛する人類として物理的な幸福に必須のことである。

住宅は古いかたちではなく、ふだんの文化的行動と、地域元来の他との違いがわかりやすい言葉であるべきだ。そしてそれは必要な変更にあらがうべきでなく、永続的であるべきなのだ。

私たちが自力建設プロジェクトとして建設した８つの青少年の家は、これらの条件

ヤヌス・コルチャック学校／ウィーバーリンゲン

シュタイナー学校／キルヒハイム、テック

をかなりの部分で満たしている。私はニューギニアのパプアの人がどう家を建てているかという講演を聴いたとき、たとえばシュトゥットガルトのスタムハイム地区の青少年の家を建設したときなど、青少年と働いているときと同じストーリーをすでに経験していたことを感じて驚いたものである。

これらの青少年の家はまったくふつうではない方法で建設された。そしてこの方法と私たちがさまざまな材料を混ぜ合わせて使わなければならなかったことはきわめて強烈に私の建築観を変えた。ここで起こったできごとをよりよく理解しようとすることは必然なことであった。結局、このことが、以下の確信（洞察）を導くことになった。住宅はどのようにつくられているかを忘れないようにするということ。しかしそれは潜在的に示すことだ。たとえ必ずしも中心的に関わらなくても、どのように現在のこのような建物を実現するかを知らないような者が、なにかそれらの一部にでも接すると心が動かされ、6世代、7世代の後までも、あらゆる破壊行為から守るようになる。

人々が自力建設で家を建てることができるという方法をいつのころからか実際にしっかりと考えてこなかったというこの世の中の問題に直面して、私たちはさまざまなプロジェクトの流れのなかで、ふつうの計画や建設に人々が携わる経験を組み入れようとしてきた。たとえばシュトゥットガルトのメーリッケ通り（Mörikestrasse）の幼稚園のように。

幼稚園は家のなかの家、魔法の山、ホシムクドリ（物真似鳥）の巣箱の積み重ね、こどもの秘密基地（巣や洞穴）として発想を展開してきた。そしてたとえそれが保守的な在来型の構造でも、これまで建築したなかでももっとも複雑な構造の建物となっている。こどもたちは活発に直接にいろいろ試してみて、幅広くさまざまに異なる空間構造を経験し、ときには何時間も遊びに集中する。しかもそれはたいがい大人の監視なしで。この遊びにおいて、こどもは精巧だが抽象的な空間を自分の新しい遊びの世界に自分なりに翻訳する。あるこどもは船に、他の子はタワーに、また別な子は巣に、

さらに4人目の子は洞穴にというように。

心理学者、社会学者、教育学者、だれもが人間とその感情との関係に関心をもち、刺激的で活動的な環境が満足した生活と意欲的な学習にいかに大切かと理解している。

最初に答えるべき最も大切な質問は、たとえば教室について、決して簡単でないことは、個々の生徒と先生それぞれに参加してもらうことである。10分の1のスケールで個人個人が自分の人形を粘土でつくった後、それは遊び感覚でさらにデザイン力を発展させるために参照するオブジェクトとなり、木の棒とカードボードでつくった大きな縮尺でのモデルにも参照するのに使われる。

ツリーハウスがかろうじて生徒の参加を得ながら、ビルダーによって建設されてから、地元紙のヘッペンハイムに生徒は長い記事を書いた。そこでは生徒が自分たちで建設したことをまったく誇りに思っていることが書かれていた。驚くことに、これは後でたびたび経験することだ。そしていまわかった。プランニングに参加し、人々の要求が真剣にとりあげられ、さまざまな可能な解決の方向が議論されることは、まったく手間ひまがかかる過程であるが、つねに生産的に成功するものであると。建設プロセスにおけるセルフヘルプよりももっと重要なことは自分たちで決定したという同じ感じをもち、ぴったりしたデザインの解決と、建物による高いレベルのアイデンティティの確立にある。建物のユニークさ、または建物のオーラのようなもの、特別な雰囲気が、実際に多くの人、また理想的には後のユーザーの参加と献身によってつくられると、建物は次のことを宣言できる――「私は本当の生きている個体の有機物で、私を認めてくれるもののためにある。あなたの個性を形成するのに必要な部分でもある」。私たちはこれを最初に経験したとき、奥義的なことと考えた。しかし後で人間動物行動学者、心理学者、社会学者と神経学者から、自然界の死と生に依存する、遺伝的な発達、心理学的および社会学的な要求と相互作用によるものであることがわかった。

人々は自分たちの周囲の物を自分自身に関係づける傾向がある。そして次の言葉がよくそれを表す――「はにゅう（埴生）の家、壊れやすい椅子、愛着のある花瓶、または理解している、経験した、評価される、そして工夫がなされた」。

このような言葉を使ったコンセプトやイメージは絶えず感覚的な想像を可能にする。

手でつかむこと

ロバート・ウィルソン（Robert T. Wilson）はDie Hand（手）という本の中で、手でつかんだことと心でつかんだことがたいへんいきいきとつながっていることを説明した。彼はまた手は脳の（発達の）前にあったと（人間の）発達史によって示した。手で驚くほど洗練された「道具」をつくった原始人の異常な手先の器用さゆえにということが明らかである。原始人は親指と人差し指を反対に動かすことができて、それ

ヨハネス学校／ボン

シュタイナー学校／キルヒハイム、テック

によってさまざまなことができ、コミュニケーションを発達させることが必然の流れとなり、それによって大きな脳が必要となった。物をつくり、複雑な手先の技の発達は依然、良い教育の必須の教育単元のひとつである。手、心と精神は同時に等しい範囲で発達するべきである。この文脈でコンラッド・ローレンツはいかにいまの人々が視覚のみに依存しているかを指摘している。それは他の感覚を衰弱させ、感覚の障害者を生み出すことになる。(4)

われわれは皆、手を満たすものになじんでいる。おもちゃ、椅子の背もたれ、パイプ、または女性の胸。触覚を通じた感覚的な体験と味わいは幸福感につながり、平穏と安寧を導く。それはこどもだけでなく、障害をもつ人々、そして精神分裂や痴呆の人にも。嗅覚はたぶん、幼児期に（強く）経験している。聴覚は母の胎内での遊びにはじまり、視覚は、今日すべてを支配しているようで、訓練され続けている。赤ん坊が物をつかむことができて、そのような複雑なレベルで周囲のものをとらえるのは驚きである。ヒューゴ・キューケルハウスとフリードリッヒ・ポールマン（Friedrich Pohlmann）もまた、そのことをいきいきと示してみせた。

こどもは“つかむ”（再び、このつかむはふたつの意味で使われている）、そしてすべての感覚器官、口、肌、鼻、耳として目を使って近くの状況を瞬時に理解する。そしてこのことは学校を「力を養う家」とするためになにが必要かを探るのに決定的に大事なことである——「ひとつの環境、すべての感覚を刺激するものだけが、感覚を目覚めさせて活気づけ、人類としてふさわしいものなる」。小さいこどもは多くの物の性質になじみ、見え方のみならず味、匂い、音、構造によって識別し、肯定的または否定的な経験によって記憶にとどめることができる。熱いものと冷たいもの、騒がしいと静か、硬いと柔らかい、甘いとすっぱい、滑らかと粗い、鋭いと鈍いなど際限なく、物事を喜ぶものと傷つけるもの、良いものと悪いものなどのように、区別することを学ぶ。私が気に入ったラジオエッセイでポー

ルマンはこのような発達段階を次のように説明した。こども（人々）がワイングラスを見ていると、それは透明で壊れやすいということをたんに知るのみでなく、それは冷たく、どんな味がして、どんな音がして、無臭だということを知覚していると。このことはひとつの感覚、たとえば視覚は刺激的に他の感覚がなにを経験しているか、そして対象または花、身体の一部の全体的な像を創りだすことができるかを示している。

この番組を聴いているとき、私は知らずに平行してわれわれが建築を知覚する方法を思い起こしていた。建物とまちはわれわれの感覚のすべてによって知覚される（たぶん、5つ以上、たとえばルドルフ・シュタイナー（Rudolf Steiner）の感覚の平衡感覚と美の感覚を参照)。感覚的な場をデザインするために、または、感覚に喜びをもたらす空間をデザインするために、いい換えれば、すべての感覚を使ってつくりだされることが、視覚ではなく視覚のために考えられるべきだ。内輪の人間、現代建築の擁護者、そして写真家と組んだ特別な専門家たちが望んでつくられる建築の定期雑誌はあまり役に立たない。その写真には人の姿も家具さえも映されていない。最悪の場合、それが流行の先端となり、次世代の建築学生のモデルとなって広まり、その学生たちは人々の実際の希望や要求に適合しなくなる。

人々は対象や材料、構造などに触り、影響をプラスかマイナスかを自分で感じることができる。女子生徒たちにはむき出しのコンクリートの壁に触り、それは好きでないとわかることは必ずしも必要でないが、彼女たちの経験が冷たい、粗い、汚いそして手に好ましくない、家庭的な場でない、逃げ出すこと以外考えられない、ということを教えてくれるかもしれない。または、生徒としてはるか遠くまで歩いて退屈だということを知るには長すぎる廊下をまっすぐ下っていく必要はない。それは予見できることであり、下っていくのがよいかまたは逃げ出すのがよいかという以外の冒険もない。そして教師は伝統的な箱型の教室で教える必要はない。その教室はバラックのようであり、家のような感じでもなく、教育の助けにもならず、居場所にもならないのは確かである。われわれの感覚の多くは批判的に反応する。そして共感を伴わず、空間はひどい教師のようなものだ。建築心理学者のロートラウト・ヴァルデン（Rotraut Walden）はこの現象を彼の調査によって記している。(5)

ゆえにしなければならないこと、またはいかに進歩的な教育と人間的な建築をともに実施しうるか、いかに生徒に進むべき道を見出せるかは、この状況にかかっている——「こどもは最初の先生、教師は2番目の先生、そして3番目の先生は学校である」

文献
(4) Frank R. Wilson, Die Hand : Geniestreich der Evolution, Ihr Einfluss auf Gehirn, Sprache und Kultur des Menschen, Klett : Cotta, Stuttgart 2000
(5) Rotraut Walden, Schulen der Zukunft, Gestaltungsvorschläge der Architekturpsychologie, Asanger Verlag, Heidelberg, Krönig 2002

シュタイナー学校／キルヒハイム、テック

シュタイナー学校／フランクフルト、マイン

ほかでの実践

以下にわれわれの実践のいくつかの事例を紹介する。

ケルンの自由の森の村学校（ヴァルドルフ学校、シュタイナー学校）はわれわれの最初のルドルフ・シュタイナー学校であり、13の教室、特別室、工房、ホール、管理人居住室、体育館から構成される単一形態の導入学校として建てられた。計画には2年間費やした。そして建設には18ヵ月がかかった。全4年間のプロセスには150人の生徒と約50人の両親と50人の教師がふつう二日連続するワークショップに集中して参加した。この共同作業はこの学校のユニークなオーラをもった基本的特徴に基づいて決定された。願いは最初の会合で（500以上ある？）世界で最も美しいシュタイナー学校をつくるんだというかなり高い目標をかかげて表された――ユニークな、個性ある学校の実現に、ケルンの都市にぴったりした、そしてなによりも平和で、はなはだしい低予算にもかかわらず、外部のプロが演じるステージを備えたホールをもたなければならないと。ブレインストーミングが10学年生のクラスで行われ、驚くような材料での照明のアイデアが生まれた。太陽の光である。なんと魅力的な考えだろう、なんと人間に適した建築物の材料であろう。6学年の生徒は手分けして共同して「開いて抱きかかえる学校」という学校のアイデアを改良し、全体ワークショップセッションで洗練され、全体の学校コミュニティに応用されていった。しかしまた学校の外側のケルンのコールヴァイラー（Chorweiler）地区をみつめて、この地区の住民の80％が外国人という社会的な状況を統合するアイデアとして洗練されたものとなった。

センターは光が溢れるオアシスをかたちづくっている。そこではバラが茎で支えられているように、10、20、60組の枝が建物全体に張り巡らされて支えている。そこではロードベアリング構造によってだれにもわかりやすいように説明されている。これは花びらそれぞれの形の陰にバラの五角形のアレンジメントを隠しているようなも

のだ。各教室は3層の床のオアシスの周りに配置され、学年に応じた自由さがある。ゆえに、学校は「コールヴァイラーのバラ」のモットーを中心として、マッシブな建物の全体のプロセスに通じている。そのため生徒は言う「私たちの学校はバラのようだ。そう、そう、教室は花びらのよう」と。クリスチャン・フォスター（Christian Forster）は学校の建物の詳細について書いている。多くの物語が語られるように情緒的内容の豊かさを伴いながら、学校で起こる社会的なプロセスと密接に「ありつぎ（接合）」することの重要性を私たちの（この経験の）文脈の中で認識した。ピーター・ブランデル・ジョーンズはこの現象を私たちの実践の仕方で表れる特別な特徴として記述した『社会プロセスとしての建築』。青少年の初期の建物でも、青少年たちが、自分たちの学校が特別でユニークなものだという意識をもつ重要な仕掛けであった。そのときに私は「デザインがよければ、こどもはおばあさんに電話で図面がなくても説明できるはずだ」と述べた。物語は聞き手の頭にイメージをつくる――アラブの語り部が魅力的なのはそこにある（3）。

デュッセルドルフ、ウィーバーリンゲン（Diesendorf, Überlingen）のヤヌス・コルチャック学校（Janusz Korzcak School）は登校拒否のこどもたちを助ける特別な学校だ。そのような生徒は学校を嫌い、休み続けるようになったものである。それゆえに学校の建物を建てることが重要なことではなく、どこかアットホームな場所をつくることが大事である。計画の基礎はこどもたちと2日間のブレインストーミングを行い、その後に模型をつくったことからできあがった。学校ではなく家々がある村、教室ではなくそれぞれ玄関・WC・クロークルーム付きロビーをもったクラスハウス、個人のロッカーがある快適な学びの空間、スペシャリストの部屋が下階にあり、上の階にクラスホームがあり、そこはギャラリー（ロフト）付きである。ギャラリーの上には屋根がホールを中心としてその周りに垂れ下がってきている。まるで小さな村の市場のように。ホールでは気軽にここで会うことができ、横切ることができる、そして共同行事やパーティが開かれる。この新しい調和のとれた雰囲気（アンサンブル）が最初から通して進められたことから、生徒は（以前には）暴力行為に走る傾向があったにもかかわらず、驚くほどにヴァンダリズム（破壊行為）がその後の経過でまったく見られなくなった（3）。

なお、最後にフランクフルトにあるキルヒハイム／テック（Kirchheim/Teck）のFreie Waldorfschule（シュタイナー学校）での同様のアプローチ、オランダのエンシェーデのフォールツィーニンゲン集合住宅（Voorzieningen Cluster in Enschede / Holland）そして他の多くのプロジェクトが私達のホームページで見ることができるので最後にご紹介する。

www.plus-bauplanung.de

ゲルゼンキルヘン総合学校を訪れて

A remark from my visit to the school!

木下 勇
Isami Kinoshita

こんなにあったかい学校は見たことがない。

私は2007年9月、ゲルゼンキルヘン・ビスマルク地区の総合学校を訪問する機会を得た。授業中であっても生徒たちは自慢のギャラリー（ロフト）を案内してくれたり、まさに自分たちの学校としての愛着と誇りを、だれもが見せてくれた。それはこどもたちが建設過程に関わったという学校建築へのこどもの参画だけの表れでもなさそうだ。教師側の教育姿勢もあろうが、その教育のことも熟知したうえで、社会にとっての建築の役割を十分に発揮した、本来の建築の姿、ヒトとモノとの関係の可能性を追求した結果ではないだろうか。そういう意味で学校建築のみならず、あらゆるモノづくりの専門家へ投げかける意味も深い。

1,000人近いこども・教師・住民参加の学校建設

この学校建設にあたっては、コンペが行われた。そこで選定されたペーター・ヒューブナーらの企画・設計によるこの学校建設は10年間にわたり、1000人近いこども、教師、保護者や地域住民が参加した。ユーザー参加、こども・若者参加による環境共生型建築で知られるペーター・ヒューブナー氏でもこれだけの濃密な参加は初めてという。この学校はドイツ連邦の教育・科学省においても「未来の学校」として紹介され、関係者、関係機関に評価されている先駆的プロジェクトであり、視察も絶えない。

この学校は5年生から10年生の6年間の（基礎学校の上の）総合学校（補注i）として建設された。後に、その上のギムナジウム11年から13年に相当する、上級コースが設けられた（同じ敷地内にあった古い建物（元工場をレクリエーションセンターとして使っていた建物）を生徒参加で改修して利用している。

環境共生型建築の学校と環境学習

なぜこの学校が「未来の学校」を示しているかというと、学校建築が単に環境共生型建築という意味だけではなく、つくる過程も含めて、建設後もこどもたちが学校建築を通して環境を学び、また主体的に働きかけるという建築になっているからである。そこにヒューブナーの社会的プロセスとしての建築の探求としての成果が見られる。

教室の様子。奥に見えるのはギャラリー（ロフト）への階段

発電量を示すパネル

民間の運営による公的学校

この学校の運営はエヴァンゲリッシェというようにプロテスタントのキリスト教会（ウェストプファリアン・プロテスタント教会）による。私立学校といっても公的役割を担っている。この学校がこの地域の再生を目的に企画され実現したものであり、その担い手を教会が引き受けているのである(ii)。この学校の生徒はカトリックが30%であり、30%がイスラム教信仰の生徒であることからも、教会の宗教色を配したものでないということがわかろう。この地区はルール工業地帯にあり、かつて栄えた重工業の衰退とともに、現在は失業率が30%という経済的に落ち込んでいる地区である。トルコ系住民がほとんどであり、その二世、三世が育っているが、ドイツ社会に溶け込まない地区もあるという。炭鉱産業の衰退とともに地域の状況が悪化し、それは若者たちに影響していた。以前は生徒の半数が9学年修了前に脱落してしまう状態であり、若者の破壊行為などが目立ち、極めて荒廃した地域であったという（iii)。

学校づくりから地域再生

その地区において、ヒューブナー氏らは教室を家にたとえて、学校の廊下を街の通り、アトリウムを広場として、職員室を市役所など、学校をまちとたとえてこどもたちと一緒につくってきた。それはこどもたちにわかりやすいという点のみならず、生活の場の延長として、まさに自分達の居場所として学校をつくる強力なモチーフとなっている。実際に周囲の住宅も彼の専門とするところのプレファブの部材からセルフビルドでローコストに住宅をつくる仕組みを取り入れているので、見た目にも学校と周辺の住宅との境も不明瞭で一体となっている。そういう意味でこれは学校づくりのみならず、学校づくりを契機としたまちづくりの方法としても興味深いものなのである。

補注

i　ドイツの教育制度は州によって異なる。小学校にあたる基礎学校が４年間であるが6年のところもある。基礎学校が終わると進路は分かれる。職業訓練学校のハウプトシューレ（ハウプトには中心、主、指導者などの意味がある)、上級専門学校への道を開く実科学校、そして大学進学を目指すギムナジウムに分かれる(５～13学年の９年制)。総合学校はこれらのいくつかのタイプをあわせたものを言う。基礎学校とギムナジウムをあわせたような１学年から13学年まであるものから、基礎学校の上の５学年から10学年までだったり、５学年から13学年、１学年から10学年までなど様々な形態がある。普及しているのはノルトライン・ヴェストファーレン州、ヘッセン州など一部の州である。総合学校の中にはハウプトシューレ、実科学校、ギムナジウムの課程を残して、各課程間の移動が可能(協力型総合学校）と、すべての生徒が共通の教科を履修する学校（統合型総合学校）とがある。統合型では第９学年修了時にハウプトシューレ修了証、第10学年修了時に実科学校修了証を取得でき、また小中高一貫校では13学年後にアビトゥーア（大学入学資格）受験資格を得る。

ii　ルール工業地帯の再生にかけては1990年から10年間IBA（国際建築展）が開催され、エムシャー川流域の17市町村において投資総額50億マルク、合計１００以上のプロジェクトが実施されてきた。このゲルゼンキルヘンの総合学校もそういうIBAのプロジェクトとして位置づいている。このゲルゼンキルヘンの総合学校のプロジェクトの企画は市議会で議決された。そしてその担い手にヴェストプファリアン・プロテスタント教会が認められた。それゆえに、私立ながら公的意味合いの強い学校である。ドイツにおいては補完性の原理に基づき、公共領域の業務を民間団体が担ったり行政と協働して行うことがふつうにみられる。建物の建設や、学校運営、教員人件費の90%は州からの補助によってなりたっている

iii　ノルトライン・ヴェストファーレン州のゲルゼンキルヘン市は隆盛期には人口40万人であったが、現在は27万人となっている。全体で失業率20.6%　外国人比率13.4%

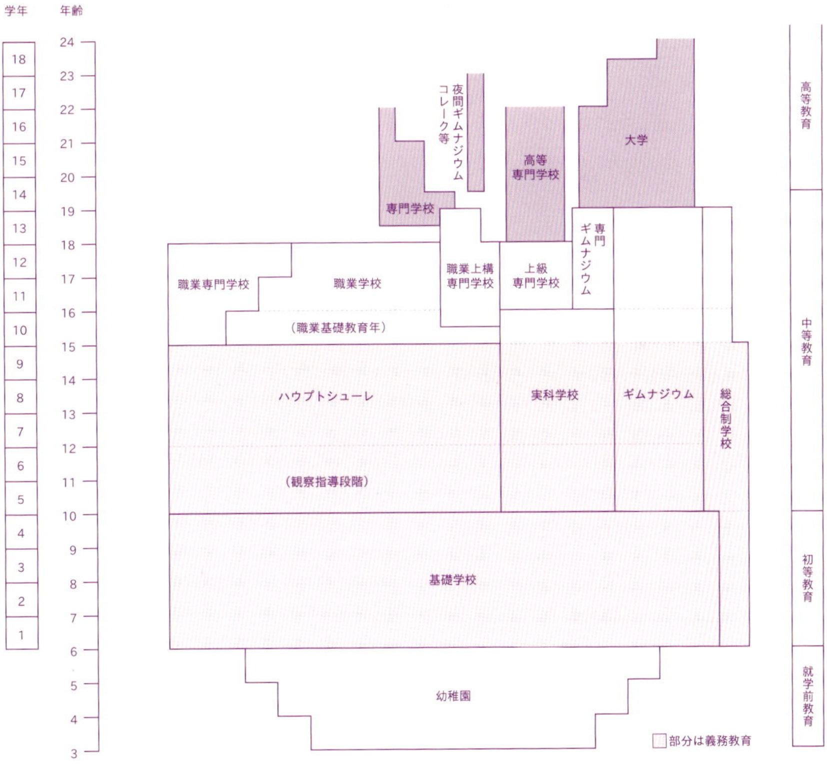

学校系統図

注　ドイツの学校制度は州によって異なるので、この例示と異なる場合もあることを注記しておく

ギャラリー(ロフト)で寝ているヒューブナー氏

建築データ

[概要]

約1,200人の生徒のための総合学校とスポーツホール、専門教室、ホール、食堂、事務室、3種類のスポーツホール、競技場、6つのクラスハウス、かつてハウプトシューレだった建物での上級学校

[基本情報]

所在地
Laarstrasse 41,
45879 Gelsenkirchen, Germany

施主
ヴェストファーレン・
プロテスタント学校
Evangelische Schule in Westfahlen

施工管理
Michael Weiss & Partner

事業開発事業者
IBAエムシャー・パーク
(IBA Emscher Park GmbH)
ゲルゼンキルヘン市コーディネーター・ゲルゼンキルヘン市都市計画課

[竣工年]

設計競技(コンペ)	1994年
計画	1994~97年
建設開始(着工)	1997年10月
主要建物	2000年1月
クラスハウス1	1999年9月
クラスハウス2	2000年9月
クラスハウス3	2001年9月
クラスハウス4	2002年9月
クラスハウス5	2003年9月
クラスハウス6	2004年9月
旧建物	2004年9月

[建築データ]

延床面積
75,983 m^2

費用
262,00 ユーロ/ m^2

建築面積

工房を含めた本体	5,109
アリーナ	2,242
クラスハウス1	899
クラスハウス2	893
クラスハウス3	851
クラスハウス4	819
クラスハウス5	708
クラスハウス6	878
旧建物改修	3,780
計	16,179 m^2

延床面積

工房を含めた本体	23,647
アリーナ	15,395
クラスハウス1	3,122
クラスハウス2	3,492
クラスハウス3	3,657
クラスハウス4	2,624
クラスハウス5	3,355
クラスハウス6	3,411
旧建物改修	17,280
計	75,983 m^2

費用

工房を含めた本体
10,792,100ユーロ
(456ユーロ/ m^3、
2,112ユーロ/ m^2)

アリーナ
3,445,850ユーロ
(223ユーロ/ m^3、
1,537ユーロ/ m^2)

クラスハウス1
665,330ユーロ
(184ユーロ/ m^3、
638ユーロ/ m^2)

クラスハウス2
813,363ユーロ
(233ユーロ/ m^3、
767ユーロ/ m^2)

クラスハウス3
846,279ユーロ
(240ユーロ/ m^3、
731ユーロ/ m^2)

クラスハウス4
797,587ユーロ
(304ユーロ/ m^3、
748ユーロ/ m^2)

クラスハウス5
806,896ユーロ
(241ユーロ/ m^3、
752ユーロ/ m^2)

クラスハウス6
826,354ユーロ
(242ユーロ/ m^3、
706ユーロ/ m^2)

旧建物改修
937,336ユーロ
(54ユーロ/ m^3、
248ユーロ/ m^2)

計19,937,095ユーロ

翻訳にあたってのあとがき

木下 勇

本書はペーター・ヒューブナー著「こどもたちが学校をつくる」（Kinder Bauen Ihre Schule , Peter Hübner, Evangelische Gesamtschule Gelsenkirchen）という独英併記の本を翻訳したものである。（英題はChildren Make Their School、編集発行：アクセル・メンゲス Axel Menges, Stuttgart/London, 2005）。スイスの友人で学校建築を専門に行っている建築家ウルス・マウラー（Urs Maurer）の事務所を訪ねていたとき、彼がヒューブナーはすごい建築家だと絶賛しながら見せてもらったのが原書に出会った最初である。マウラー氏はスイスのバウ・ビオロギー（建築生物学と直訳されるが、健康で環境に配慮した建築）の普及のための講師もつとめている。だから学校建築と環境共生建築という点でヒューブナー氏と共通点もあり、互いに面識もあったので、このときは叶わなかったが、紹介するきっかけをつくってくれた。

原書を見て驚いたのは、こどもが学校建築にここまで参画しているという事実である。私は長年、こども参画のまちづくりを考え、実践してきたが、構想づくりや計画段階が主で、施工段階では絵タイルや植物を植えたりといった部分的な関わりでしかないのが現実と考えてきた。実際、ある学校の建て替え構想づくりをこどもたち参加で行っても、その構想が実現化されるときには関わったこどもたちがとうに卒業してしまった後……などと、時間のギャップも障害となっていた。

しかし、この本を見ると、こどもたちが計画のみならず、模型づくりから実際の施工に参画し、生き生きとした表情で楽しそうに建築に関わっている。ここは元炭坑地帯で、経済的および社会的に衰退した地域の活性化という課題を背景に、ヒューブナー氏がコンペで勝ち取って実現できた。それゆえに全体の構想や計画はすでに立てられていたので、こどもたちは構想段階ではなく、教室棟（クラスハウスという）の建築への参画であるから、そういう意味でこの場合も部分的ともいえるが、規模から見ればそれだけで大きな事業である。その事業を教育とからませて、７年間、毎年、新しい入学クラスごとに教室棟をつくっていくという時間をかけたプロセスそのものが大きな意味をもっている。

2007年９月に彼の事務所訪問がやっと実現し、いくつもの作品を見せていただいた。学校や幼稚園、青少年施設が多いが、どれもあたたかい空気で包んでくれる。また室内の空気が気持ちよく感じるのは、ゆっくりと外気を取り入れた自然エネルギー型の冷暖房のせいか？　それとも人との関係によるのか？　そんなハードもソフトもからみあってという、彼の社会的プロセスとしての建築の一貫したスタイルによるのだろう。そして、彼は職人的でいつも技術に関心がある。それは彼が靴職人（整形外科靴職人 Orthopädishce-Schumacher）の家に生まれ、そのマイスターへの道の途中で建築に転身したことと密接につながりがあるのかも……と邪推するのは、よけいなお世話かもしれない。彼のシュタイナーの建築および建築論においても人を包む器としての有機的な建築の意義が述べられていた。人の心理も含めて建築は責任がある。まして教育施設においてはと、単なる箱物や流行のデザインや奇抜さだけの現代建築にヒューブナー氏が批判的なのも、その点にあろう。彼のどの作品を見ても、青少年施設にありがちな破壊行為や悪戯もない。建物が年数を経ていても新しく感じるほど、建設後の利用・管理の面ではずっと大切にされている、人が関わっている生きた建築という感じがするのである。まして、このゲルゼンキルヘンの総合学校が立地した地域は、以前は荒廃した地域であり、その地域再生をかけた特別なプロジェクトである。それを見事、建築として答えた彼は、現在、「社会的プロセスとしての建築」(*)を示す、まさに世界での第一人者といえる。

本書はそういう意味で、学校建築のみならず、広く建築にたずさわる方々や学生、そしてまたこどもの環境やまちづくりに関わる人々に読んでほしい。

この翻訳書の出版に際し、鹿島出版会の久保田昭子さんには、たいへん辛抱強く、支援をいただいた。原書は版も大きく高価となるところ、価格をおさえる工夫をされて、ただし原書の豊かさやあたたかさを損なわない、しかも魅力的な本としてつくりあげていただいた。そのデザイナーの石田秀樹さんにも感謝申し上げたい。また、ヒューブナー氏の2007年12月の招聘にたいへんなご支援を以下の方々からいただいた。この機会がなかったら本書の翻訳という機会がなかったかもしれない。まず、ドイツ文化センターのウベ・シュメルター所長、企画段階に具体的に招聘にご尽力いただいたドイツ語広報部長のライナー・ブーツ博士、後任のユルゲン・レンツコ語学部長、さらに窓口としてずっとお世話になった丸山智子氏ら、ドイツ文化センター(ゲーテインスティトゥート)の方々には企画段階からずっとたいへんなご支援をいただいた。また2007年11月30日には東京工業大学教育環境創造研究センターにてシンポジウムが開催され、その前後の期間に展示会が開催された。それには坂本一成所長や藍澤宏副センター長、宮本文人教授、12月1日のシンポジウム開催では文部科学省文教施設研究センターの新保幸一所長と西博文氏を中心に大きな事業として成功裏に開催できた。なお、このシンポジウムは文部科学省大臣官房文教施設企画設計課整備計画室長山崎雅男氏が間をとりもっていただいたことから実現化された。またシンポジウムの基調講演にはこども環境学会長でもある仙田満放送大学教授、シンポジウムのコーディネートにはドイツでの視察に同行した卯月盛夫早稲田大学教授の力添えがあった。以上の方々をはじめ、多くの方々の協力によってペーター・ヒューブナー氏を日本に紹介できる機会を得たのはたいへん喜ばしいことである。ここにあらためて感謝申し上げる次第である。本書がまた、ヒューブナー氏への関心を高める機会となればまた幸いである。

*ハンス・シャロウンなど多くの建築家作品集を著している建築家ピーター・ブランデル・ジョーンズ著の書籍、Peter Blundell Jones, Peter Hübner : Building as a social process, Edition Axel Menges, 2007

プロフィール

著者

ペーター・ヒューブナー　Peter Hübner

1939年　旧西ドイツ カッペルン生まれ

1968年　シュトゥットガルト大学卒業

1979年　プラス＋事務所設立

1980年　シュトゥットガルト大学教授

訳者

木下勇　きのした・いさみ

1954年　静岡県生まれ

1984年　東京工業大学大学院総合理工学研究科修了

2005年　千葉大学大学院教授

著書に『遊びと街のエコロジー』（丸善）、『ワークショップ〜住民主体のまちづくりへの方法論』（学芸出版社）など

こどもたちが学校をつくる

ドイツ発・未来の学校

2008年11月30日　発行

著者：ペーター・ヒューブナー

訳者：木下 勇

発行者：鹿島光一

発行所：鹿島出版会

107-0052　東京都港区赤坂6-2-8

電話　03-5574-8600

振替　00160-2-180883

http://www.kajima-publishing.co.jp/

クリエイティヴ・ディレクション：ASYL（アジール）

アート・ディレクション＆デザイン：石田秀樹

印刷・製本：壮光舎印刷

ISBN 978-4-306-04517-0 C3052

Printed in Japan